互联网+餐饮

一本书读懂餐饮互联网思维

鹤九 ◎著

电子工业出版社
Publishing House of Electronics Industry
北京·BEIJING

内容简介

本书是一本全面的餐饮互联网思维实战攻略，通过八大互联网思维的系统阐述与总结，分别从战略、策略、案例、执行、工具应用等方面帮助餐饮企业经营者全面、系统地了解互联网思维，核心是帮助传统餐饮企业在快速发展的移动互联网大潮中，快速摆脱互联网恐惧症，建立具有竞争力、适应性、持续性的互联网思维模式，提升餐饮企业经营管理服务水平及从业人员素质，使企业敢于尝试一些新的商业模式，助力企业快速转型升级。

本书遵循"理论与实践相结合，案例与方法论并现"的原则，向读者讲述善用餐饮互联网思维的餐饮品牌究竟如何玩转互联网思维。在战略层面，通过案例剖析"跨界思维、产品经理思维、大数据思维"三大互联网思维如何应用；在战术层面，总结出"社群思维、参与感思维、炒作思维、自媒体思维、平台思维"五大互联网思维模式。通过案例论证和方法论的归纳，例如"展开社群互动的五大方法"、"九招互动方式吸引用户参与"、"营销造势经典八式"，实实在在地告诉餐饮企业如何用互联网思维武装自身并付诸实践。

未经许可，不得以任何方式复制或抄袭本书之部分或全部内容。
版权所有，侵权必究。

图书在版编目（CIP）数据

互联网+餐饮，一本书读懂餐饮互联网思维 / 鹤九著．—北京：电子工业出版社，2016.8
ISBN 978-7-121-29396-2

Ⅰ．①互… Ⅱ．①鹤… Ⅲ．①互联网络—应用—餐饮业—企业管理 Ⅳ．①F719.3

中国版本图书馆 CIP 数据核字（2016）第 164069 号

策划编辑：齐　岳（qiyue@phei.com.cn）
责任编辑：徐　静　　　特约编辑：刘　凡
印　　刷：北京虎彩文化传播有限公司
装　　订：北京虎彩文化传播有限公司
出版发行：电子工业出版社
　　　　　北京市海淀区万寿路173信箱　　邮编：100036
开　　本：787×1092　1/16　印张：15.5　字数：260千字
版　　次：2016年8月第1版
印　　次：2023年8月第16次印刷
定　　价：49.00元

凡所购买电子工业出版社图书有缺损问题，请向购买书店调换。若书店售缺，请与本社发行部联系，联系及邮购电话：(010) 88254888，88258888。
质量投诉请发邮件至 zlts@phei.com.cn，盗版侵权举报请发邮件至 dbqq@phei.com.cn。
本书咨询联系方式：(010) 88254473。

自 序

近些年，各种搭乘互联网快车迅速崛起的餐饮案例不绝于耳，一时间"互联网餐饮"成为炙手可热的话题，餐饮界掀起一股运用互联网思维打造餐饮品牌的热潮，"黄太吉"、"雕爷牛腩"、"伏牛堂"、"叫个鸭子"、"人人湘"等餐饮品牌先后走红，并获得资本市场的青睐。

这些带有互联网基因的餐饮人，熟悉互联网传播环境，思维跳跃，学习力强，擅长互联网营销之道，具备大部分传统餐饮人所不具备的优势。他们创新的各种颠覆式玩法，最初令很多餐饮从业者心生膜拜，但历经一段时间的市场检验，又在某种程度上颇受质疑，存在争议，难道这是对餐饮互联网思维的否认？

与此同时，不甘落后的传统餐饮企业快速展开了对互联网思维的学习，"肯德基"、"麦当劳"、"海底捞"、"西贝莜面村"、"外婆家"、"一茶一坐"等一批传统餐饮企业代表先后在互联网营销、大数据、餐饮O2O等环节取得佳绩，甚至在某些运营数据上超越互联网餐饮品牌。传统餐饮企业在互联网技术和思维运用上一样非常成功。

于是，我们发现，无论是互联网餐饮品牌，还是传统餐饮品牌，自始至终都无法脱离餐饮的本质。或许互联网餐饮品牌擅长互联网营销，借力营销能短时间内提升品牌知名度，但最终要回归到餐饮的本质，他们在互联网推广的同时，也都强调产品本身的重要性，并在产品上狠下工夫。或许传统餐饮企业擅长餐厅的日常运营与管理，但他们不得不虚心向这些新秀们学习，积极拥抱互联网新事物，避免在互联网时代被落下。

可见，互联网只是一种工具，餐饮企业不能神化它，更不能视而不见。当互联网已成为人们生活的重要组成部分，并成为每一个餐饮企业的基础配置时，餐饮企业老板唯有加强对互联网思维的学习，先从意识形态上转变，才能更好地用互联网工具指导餐厅的运营。

笔者作为国内知名餐饮新媒体"餐饮界"的创始人，同时兼任华南地区新锐新媒体营销公司"哈谷传媒"CEO，有着近10年的品牌营销推广实战经验，最近7年一直从事互联网、餐饮相关工作，并专注于网络新闻媒体、微博、微信等新媒体营销理论体系的构建与实践，用了近5年时间潜心研究餐饮互联网思维应用，参与了海王星辰、招商银行、面包新语、康师傅、电影《催眠医生》等项目的互联网策划与传播，帮助众多企业取得了丰硕的成果。

笔者在与一些餐饮老板沟通有关餐饮互联网思维的话题时，发现他们大多缺乏系统的互联网思维体系，对互联网工具及营销玩法知之甚少，而市面上又缺乏一本系统阐述"餐饮互联网思维和案例"的书籍。因此，笔者将自己亲身实战的经验与知识进行系统地梳理，并对研究多年的餐饮互联网思维进行提炼，希望通过系统的理论体系、案例、方法论，呈现给餐饮创业者一个全面的餐饮互联网思维。

可以说，本书是国内第一本"互联网+餐饮"方面的书籍，也是第一本系统阐述"餐饮互联网思维"的实战攻略。

本书的部分核心观点是：

（1）互联网是一种工具，餐饮互联网思维是一个意识形态和方法论的集合。我们既不能神化互联网餐饮的力量，也不能忽略互联网营销的价值，而要客观地评价新生事物，有选择地学习其中的优点。

（2）产品是餐饮的本质，产品经理思维也是餐饮互联网思维的核心。任何花哨的推广、豪华的装修、体贴的服务等在消费者对美食的追求面前，都退居其次。产品经理思维在餐饮行业的应用，就是围绕如何打造令用户尖叫的产品而展开的，就是要回归初心,用"匠心"精神来雕琢产品,赋予产品会说话的属性,触发用户免费为品牌传播。

(3)餐厅要善用各种互联网营销方法和平台,不仅要从战略层面掌握"跨界思维"、"产品经理思维"及"大数据思维",更要从战术层面学会"社群思维、参与感思维、炒作思维、自媒体思维、平台思维"五大互联网思维,懂得如何经营自己的社群、如何与用户沟通互动、如何营销造势、如何玩转互联网自媒体、如何使用各种平台工具。

凭借本书对餐饮互联网思维的阐述,相信每个餐饮人都会对互联网有更加清晰、全面的认知,并能在餐饮经营实战中灵活运用。

由于互联网是一个发展快速的行业,各种互联网营销工具也随其发展不断推陈出新,餐饮企业的成长环境时刻在变,各种思维亦随时更新,加之笔者水平有限,书中难免会存在一些疏漏,希望各位读者多提宝贵意见。

鹤九
2016 年 6 月

前 言

餐饮互联网革命打响
转变思维势在必行

如今，互联网已如空气般渗透到生活的各个角落，成为人们生活中不可或缺的一部分，企业视其为品牌传播与营销渠道的重要阵地，国家将"互联网+"作为经济发展的重要战略全力推行。各行各业都纷纷展开了互联网转型之战，餐饮行业也不例外，各类互联网餐饮品牌的跨界经营、传统餐饮的O2O试验转型、互联网营销工具的应用、餐饮与资本的对接，令近几年的餐饮江湖异常热闹。

跨界餐饮新势力　　搭乘资本快车道

当传统餐饮企业还在为生意惨淡苦寻良策之时，"黄太吉"却通过微博召集了一场全球吃货粉丝大会。当传统餐饮企业还在闭门研发产品之时，"雕爷牛腩"却在开业之前同众多明星大玩产品封测。当传统餐饮企业还在为品牌无人知晓而苦恼之时，"叫个鸭子"仅用社交软件就能快速走红。

一批原本没有餐饮经验的外行人，从互联网、广告、媒体等行业跨界而来，纷纷玩起了餐饮。他们善用互联网传播之道，通过故事、话题、爆点的制造，在网络上不断掀起传播风浪，快速集结起一批自己的粉丝，短时间内就解决了传统餐饮企业最难解决的问题：媒体关注度和品牌知名度。

更令传统餐饮企业看不懂的是，由于标准化、财务透明化等问题，过去餐饮企业基本上与资本无缘，而这些餐饮新军却凭借新颖的互联网模式、充足的现金流等优势成为投资市场的"宠儿"。

"叫个鸭子"仅用4个月时间便使其估值达到5000万元，获得包括华谊兄弟的王中磊在内的6位投资人的600万元天使风投；2015年9月，"雕爷牛腩"

大悦城新店在京东首开股权众筹模式，1分钟之内便完成了最低50人的认筹数，超募率高达120%；2015年10月，"黄太吉"凭借外卖3.0的商业计划书，正式宣布获得了总额为2.5亿元人民币的B轮融资，月收入接近1200万元。

同时，众多跨界投资者也将目光转向餐饮业：联想旗下的弘毅资本频频发招，在收购英国知名连锁餐饮品牌Pizza Express之后，又将知名火锅品牌重庆小天鹅揽入怀中；黄晓明、任泉、李冰冰等明星早已在餐饮业浸泡多年并联手成立Star VC，孟非小面馆、韩寒的"很高兴遇见你"等明星品牌餐厅也不断涌现……

行业五大改变　餐饮人不得不知

餐饮互联网革命的枪声已然打响，各类餐饮企业都将进入历史性的转折期，这不仅是互联网发展到一定阶段的必然产物，更主要的原因是面对的消费人群变了——85后、90后消费群体快速崛起并逐步成为市场主流。作为互联网的"原著民"，他们的个性化需求与60后、70后有着本质的不同。基于此，餐饮行业发生了五大变化。

（1）沟通方式变了。过去餐饮企业与消费者沟通的方式除了现场消费沟通外，更多地偏向于传统媒体的单向沟通，如报纸、电视台、户外广告等。而如今这种沟通已经演变成数字媒体的互动式沟通，用户可以随时通过微博、微信等平台与餐饮企业互动，用户不仅扮演受众的角色，更是内容的制造者与传播者。

（2）消费习惯变了。过去消费者选择一家餐厅主要通过线下体验、朋友推荐等方式，选择范围非常有限。而如今用户选择餐厅之前多了一个环节，就是先通过互联网，如大众点评、美团等平台，了解餐厅的招牌菜式、其他用户对该餐厅的评价，又或者从口味、价位、地理位置等各个维度进行对比，灵活、方便地找到心仪的餐厅。

（3）支付方式变了。过去消费支付都以现金和银行卡为主，而如今支付宝、微信等移动支付方式日益盛行，用户更加习惯用手机支付，简单、方便又快捷。

（4）媒体形式变了。过去媒体相对单一，主要以传统媒体为主。如今媒体传播已呈现多样化的发展趋势，各种类型的数字媒体平台不断涌现，如微博、微信、论坛等，信息严重碎片化，传播去中心化。因此，餐饮企业在做品牌传播时，只有整合各种媒体进行立体式、多维度传播，才能确保消费者在不同路径始终接触到同一品牌声音，加深品牌印象。

（5）营销手段变了。过去的营销技术手段侧重于线下，无法做到营销的精准投放和营销效果的数字化统计。而如今的数字技术却能实现这一点，它能精准地捕捉到用户年龄、性别、地区、浏览习惯、内容喜好等核心信息，借助技术驱动营销，更精准、有效、快！

意识到以上五大变化，我们就能明白传统餐饮企业为什么急需转型，而且意识层面上的思维转变尤为重要！面对跨界野蛮打劫、降维攻击、互联网餐饮，以及资本运作等层出不穷的新名词，传统餐饮企业经营者应摆脱焦虑恐惧症，不再拒绝、逃避，更不能置若罔闻，积极拥抱互联网才是避免被市场淘汰的唯一方法。

拥抱互联网　餐饮企业必备八大互联网思维

餐饮企业该如何拥抱互联网？如何才能有效运用"互联网+"这把利器？笔者认为必须具备八大互联网思维。

基于新一代核心消费人群特性，餐饮企业应从战略、战术两个层面进行八大互联网思维布局，着眼于商业模式、产品规划、运营管理、用户经营、营销推广、媒体公关、渠道规划等多个维度，全方位系统地用互联网思维重新审视自己，甚至重构商业模式，将互联网基因巧妙植入，逐步打造出自己的互联网竞争力。

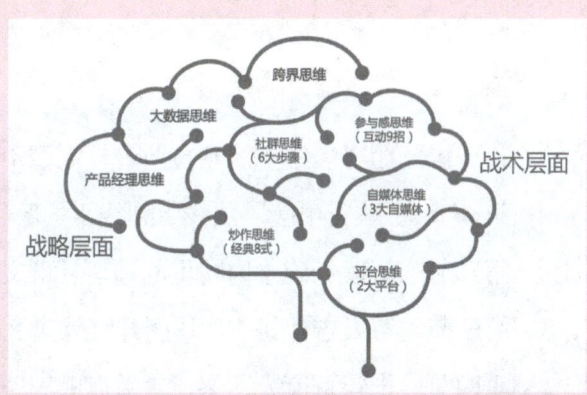

　　本书的目的就是帮助餐饮企业经营者在互联网大潮中，快速对餐饮互联网思维有一个系统、全面、深刻的认识，并通过详细具体的案例剖析、富有实战指导意义的方法论阐述，理论与实践相结合，使读者不仅能从战略高度思考互联网，而且能从战术层面进行互联网思维的应用操作。总之，餐饮业已全面迎来互联网革命，转变思维势在必行。互联网技术及各种互联网思维，将重构餐饮企业与消费者、上下游产业链关系及餐饮消费新形态。此时，餐饮企业借力"互联网+"在商业模式、运营管理、品牌传播、跨界合作等领域的创新与合作，将为餐饮产业迎来新的发展契机。

　　本书编写过程中，得到了两岸营销专家May Lin的耐心指导，谢晓英、李泽鹏、刘馨煜、孟桂苗、林艺萍、贺际嵘在资料收集、整理、编辑过程中给予我大力支持，在此感谢他们的辛勤付出。

鹤九
2016年6月

目 录

自序
前言

第一章　跨界思维：跳出行业设计商业模式 / 001

第一节　"雕爷牛腩"从线上到线下的跨界 / 002
第二节　解读一碗牛肉粉里的霸蛮社群文化 / 008
第三节　黄太吉煎饼1.0华丽升级外卖2.0 / 014
第四节　十年百度人，终成"首席鸭王" / 020
第五节　一个由100多名互联网大咖众筹的咖啡馆 / 025
第六节　当互联网搭线米粉，"四无"智慧餐厅面世 / 030

第二章　产品经理思维：打造令用户尖叫的产品 / 035

第一节　回归初心，用"匠心"打造产品 / 036
第二节　如何让餐厅处处充满"故事" / 042
第三节　打造令用户尖叫的"爆品" / 048
第四节　专注单品，将一个品类做到极致 / 053

第三章　大数据思维：数据说话既"精"又"准" / 058

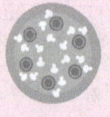

第一节　数据变现，大数据到底能做些什么 / 059
第二节　利用大数据进行市场定位和选址 / 063
第三节　让产品数据决定菜品的去与留 / 068
第四节　如何玩转会员数据营销 / 072
第五节　巧用大数据技术进行精准营销 / 077

XI

第四章　社群思维：打造价值认同的社群组织 / 084
第一节　社群思维的核心是经营用户 / 085
第二节　玩转餐饮社群的六大步骤 / 090
第三节　餐厅如何展开社群互动 / 095

第五章　参与感思维：九招互动方式吸引用户参与 / 100
第一节　关注免费送 / 101
第二节　随手拍分享 / 104
第三节　吃货"霸王餐" / 109
第四节　消费送礼 / 113
第五节　任务游戏 / 118
第六节　拉帮结派 / 123
第七节　特色表演 / 127
第八节　照片打印 / 131
第九节　打赏制 / 134

第六章　炒作思维：营销造势经典八式 / 137
第一节　借热点 / 138
第二节　挟大咖 / 143
第三节　秀公益 / 147
第四节　造话题 / 152
第五节　策事件 / 156

第六节　爆内幕 / 161

第七节　玩饥饿 / 166

第八节　造节日 / 171

第七章　自媒体思维：如何玩转三类主流自媒体 / 175

第一节　如何玩好餐饮微博自媒体 / 176

第二节　如何玩好餐饮微信自媒体 / 195

第三节　如何玩好餐饮视频自媒体 / 211

第八章　平台思维：两大 O2O 平台助力快跑 / 216

第一节　团购平台 / 217

第二节　外卖平台 / 226

第一章

跨界思维：跳出行业设计商业模式

第一节 "雕爷牛腩"从线上到线下的跨界

2013年餐饮界发生了一件很离奇的大事:一家餐厅尚未开业,便以500万元巨款从香港食神戴龙手里买断了牛腩的秘方,同时聘请了4位世界顶级酒店的厨师长进行菜品研发;更令同行瞠目结舌的是,该餐厅竟豪言烧掉上千万元邀请明星、美食家进行产品封测。

没错!它就是"雕爷牛腩",一个出生"壕"门的互联网餐饮品牌,其创始人孟醒原是一位互联网创业人士,跨界闯入餐饮江湖,身怀互联网奇术,用各种跨界新玩法掀起了中国互联网餐饮的浪潮,令传统餐饮人大开眼界,又心生各种焦虑。

孟醒自称是一个"在牛腩餐厅里熏着精油搞先锋戏剧的专栏作家",这证实了他跨界玩餐饮的思路。而这种跨界将他线上积累的优势转嫁到餐饮界时,形成了一种其他同行所不具备的竞争力。打破常规、跳跃思考、出奇制胜,让"雕爷牛腩"短时间内即在万亿餐饮市场中脱颖而出。

一、从"阿芙精油"跨界到"雕爷牛腩",跨的是营销力

孟醒原是互联网精油品牌"阿芙精油"的创始人兼CEO。在经营"阿芙精油"的过程中,孟醒对年轻白领用户积累了非常透彻的了解,并借助各种给力的营销创意使品牌迅速在国内市场中打开了局面,如携手哆啦A梦打造中国式"最美"女人梦、开设"阿芙香薰课堂"等,都是其在品牌营销方面的得意之作。

阿芙精油以网店销售为主的运营模式,积累了大量的白领用户数据。当孟醒从互联网线上作战,跨界到线下实体餐厅经营时,这些数据便为他线下各种营销动作提供了有力的数据支撑。此时,我们再去理解孟醒豪掷500万元、广邀明星封测等营销动作,就不足为奇了。

1. 封测预热阶段,各路"大V"纷纷爆料

在孟醒看来,营销方式不是狂乱加粉的低级营销,而是采用抽奖、免费试吃的利益承诺方式去逐渐积累忠实粉丝。在传播上,重点应以终端店为触点,邀请"大V"、明星、媒体到店免费品尝,借助各类"大V"、媒体的人气在微博等平台上

进行广泛传播。同时，也与其他企业进行合作营销，扩大知名度。

邀请"大V"、媒体试吃，借助意见领袖影响力广泛传播

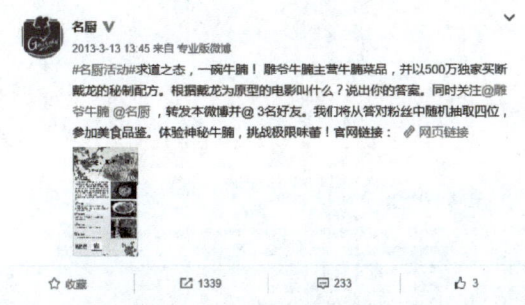

以提供免费资源为诱饵进行异业合作

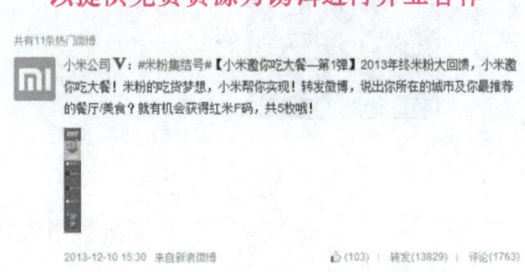

在"微活动"平台上 通过免费试吃抽奖吸引粉丝

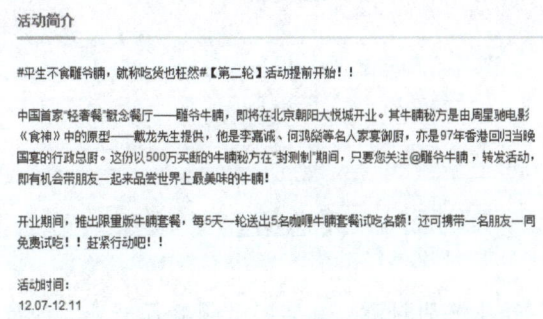

2. 封测引爆阶段，"留几手"巧遇苍井空

通过前期话题炒作和微博"大V"的预热，逐渐聚焦了粉丝的眼球，也引发了很多潜在客户对"雕爷牛腩"的期待。为了在开业当天引爆，"雕爷牛腩"在正式开业的前一天，策划了一起"巧遇"事件：微博大号"留几手"到店用餐"巧

遇"苍井空。结果@留几手发出的一条线上"求助微博",让"雕爷牛腩"关注度当天暴涨10倍,借助苍井空在粉丝人群中的特殊影响力,"雕爷牛腩"品牌得以迅速传播,也向广大粉丝印证一个事实:来"雕爷牛腩"用餐偶遇明星的概率非常高。

@留几手微博发出"雕爷牛腩店巧遇仓井空"微博

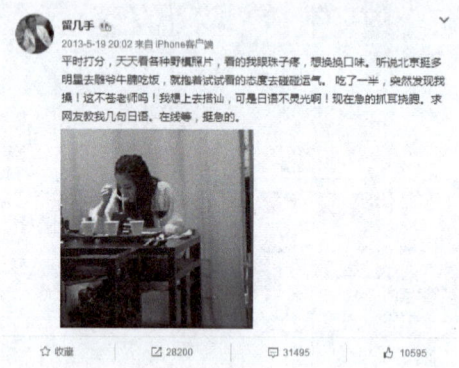

"留几手"巧遇苍井空,"雕爷牛腩"百度搜索指数暴涨10倍

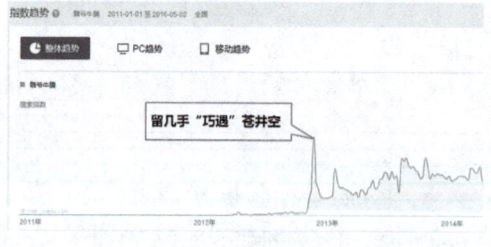

【总结】

"雕爷牛腩"开业前的封测,其实跟常规餐厅开业前的试营业从本质上看差不多,但雕爷玩封测更多地融入了一种娱乐、炒作的跨界思路,让原本公开对外的试营业,变成一种只针对少数特殊人群的品鉴,为简单的品鉴活动赋予了可供传播的病毒基因,充分吊起了用户的胃口,让用户对餐厅的开业充满期待。

二、从编剧作家跨界到餐饮人，跨的是创意力

再回归到雕爷孟醒对自己的定位，最终落到的是"编剧作家"。与传统餐饮人相比，孟醒又多出了一个优势，那就是创意力。事实上，编剧能力对"雕爷牛腩"的成功有着很大的推动作用，通过对品牌的"编剧"为客户提供产品层、体验层、心理层等多个层面上的享受。以下是孟醒主打的三个编剧方式，值得餐饮老板们好好学习。

1. 编故事

孟醒一直强调"无一物无来历，无一物无典故"，通过"编故事"为餐厅的每一样东西都赋予了独特的文化内涵，提升了品牌的文化价值。

例如，"雕爷牛腩"所用筷子甄选缅甸"鸡翅木"，上面激光蚀刻"雕爷牛腩"LOGO，这些筷子是全新的，未曾被他人使用过，每次用餐完毕会套上特制筷套，当做礼物送给顾客。"雕爷牛腩"还为这碗牛腩面发明了一款专利"碗"——上方很厚重，很粗糙，端起来手感好，而对着嘴喝汤的三分之一则很薄、很光滑。在八点二十的位置，开了一个拇指斜槽，为了方便卡住汤勺，端起来喝汤时，勺就不会乱动。从这只碗的大小、薄厚、功能来看，如果放别的食物，会非常别扭，但吃鲍鱼骨汤牛腩面，则得心应手，十分方便。换句话说，这碗面也只有放在这只碗里，才能呈现出最佳状态。

雕爷牛腩的专利碗

此外,"雕爷牛腩"还研发了目前世界上最昂贵的中式菜刀,炖牛腩的锅也申请了专利发明,甚至茶水、米饭等其他物品也都有非常有趣的故事作为背书。

2. 定标准

孟醒将"雕爷牛腩"定位为"轻奢餐",介于快餐和正餐之间的用餐感受,比低价位的快餐要美味和优雅,又比豪华正餐节省时间和金钱。他还率先提出一个概念：把一种食物,探索到细致入微,雕琢出大巧大拙！

同时,他引用"食神"戴龙曾说过的一句话："一个真正的好厨师,考验的不是用名贵食材炫技,恰恰是用最平凡的食材,做出淳朴而又令人心醉的味道,应该是吃完之后,数月乃至数年过去,嘴里还能念念不忘的味道。"从而为其采用牛腩这种最常见的材料作为"轻奢餐"的主菜找到了最有力的印证。

从此,在孟醒"轻奢餐"的标准定义下,"雕爷牛腩"当之无愧地成为"轻奢餐"的倡导者和代表者,也让品牌在用户心中烙下了"轻奢餐＝雕爷牛腩"的品牌印记。

3. 放消息

2013年7月,当"雕爷牛腩"对外宣布获得风投后,各大新闻网站立刻刊登了一篇新闻《雕爷牛腩且凭两家店获得6000万投资,风投估值4亿元》,其中投资额的多少是客观数据,无可厚非,"4亿元"的估值却有点扑朔迷离,但因其是风投的专业估值,很多人因此会觉得雕爷牛腩已经值4亿元了。凭借此"消息"的传播,雕爷牛腩的品牌值迅速上升一个新台阶。

2015年9月,沉寂一段时间的孟醒再次放出消息,"雕爷牛腩"大悦城新店参与京东消费板股权融资首发项目,1分钟之内,"雕爷牛腩"便完成了最低50人的认筹数,进入超募阶段,超募率瞬间达到120%。最终顺利召集200名股东,每人限额投资1万元,共筹集了200万元资金,孟醒通过收益分红、消费金、东家特权等综合权益众筹到的不仅仅是200万元的店铺运营资金,还有200名股东的人脉资源。试想200名的忠实顾客,每人5000元的现金使用权限,又将为雕爷带来多少客源？更关键的是,孟醒此次京东股权众筹的创举又迅速被媒体捕捉到,《雕爷牛腩上京东众筹1分钟超募120%》、《京东上线消费板股权融资首单花落雕爷牛腩》等报道免费抢占了各大媒体头条,又一次赚足了眼球。

【思考】

其实每家餐厅以及餐厅老板背后都蕴藏着故事，只是很少有人将背后的故事与餐厅的企业文化与品牌价值很好地进行结合，也少有餐厅愿意将这些故事不断重复地进行强化、放大，以至于一旦有餐厅愿意将故事通过媒体与大众分享时，往往能在行业内引起广泛关注，并且传播的次数越多，品牌在消费者心中的印象就越深刻。

第二节　解读一碗牛肉粉里的霸蛮社群文化

北大法学硕士毕业，不混外企、国企，不考公务员进事业单位，反而潜心研究一碗正宗的湖南牛肉粉，并通过互联网社群方式在北京开了一间牛肉粉店。牛肉粉店不仅卖牛肉粉，还卖印有"霸蛮"字样的文化衫，其组建的"霸蛮社"短短半年时间就迅速积累了20万粉丝，并且获得险峰华兴、IDG、真格基金等风投机构的投资。更让人意想不到的是，在李克强总理考察中关村创业大街时，他还获得总理的赞许。他叫张天一，是一个不折不扣、极具湖南年轻人特质的90后，他和他创办的伏牛堂，已成为互联网餐饮社群玩法的典范。

在外人看来，伏牛堂不仅是一个"追求正宗，拒绝好吃"的湖南牛肉粉店，更被深深烙上了"霸蛮"文化烙印的社群。张天一，自然是一个反常态、出类拔萃的创业明星，更是一个令所有湖南年轻人推崇的代表。从一碗牛肉粉到"霸蛮"文化，这是一个产品在精神层面上的跨界，从一家互联网餐饮品牌到年轻人社群，又是另一种形态上的跨界。

这种跨界，让伏牛堂品牌获得了裂变式的增长，并被贴上了"社群"、"霸蛮"、"互联网餐饮"等标签，获得了常规品牌难以获得的辨识度和关注度。那么，伏牛堂究竟如何玩文化跨界？霸蛮社是怎样一个社群？社群究竟有哪些玩法值得其他品牌借鉴？我们来一探究竟！

一、"伏牛堂"的符号记忆是什么

如果"伏牛堂"给顾客的印象仅仅是一家卖牛肉粉的餐厅，那么它与市面上其他牛肉粉店的差异，顶多就是品类与口味上的不同。为了塑造独特的品牌印记，通过对消费人群的研究分析，"伏牛堂"从湖南牛肉粉中挖掘出了一种属于湖南人的"霸蛮"文化。

伏牛堂首次打出"追求正宗，拒绝好吃"的口号，而正宗往往与好吃不能画等号。例如，老北京豆汁，越正宗可能对外地人而言就越难以接受，因为它有一股独特的酸臭味。正宗的湖南牛肉粉有这样几个特点：辣、油、草药味、汤少。

这几个特点都有可能是北京本地人无法接受的。正是这种对正宗的较真，将一碗牛肉粉从味觉层面上升到"思乡"的情感层面，充分体现出湖南人的"霸蛮"性格。

伏牛堂创始团队　　来源／伏牛堂官网

在张天一看来，"霸蛮"文化可从 2 个层面去理解：

（1）产品层面：霸蛮是一种味道，一种"辣"的味道。"辣"不是一种味觉，它是一种痛觉，吃辣的本质就是在痛苦和自虐中寻找快感，这与对"霸蛮"的理解是一致的。"辣"勾起的产品感知就是正宗，并和家乡联系，表现出不改淳朴、不改自我的情绪。

（2）精神层面：霸蛮应该是当今年轻人的价值观和生活态度。霸蛮是一种时代精神，是今天的年轻人，特别是年轻男人特别需要的生活观念。张天一对霸蛮的诠释就是：霸蛮就是不同意，霸蛮就是不服输，霸蛮就是做自己。

因此，伏牛堂的记忆符号不是：伏牛堂 = 牛肉粉 = 好吃，而是伏牛堂 = 正宗 = 霸蛮 = 辣 = 年轻人。

简单地讲，伏牛堂在卖"霸蛮"文化，所以，在伏牛堂店里除了卖牛肉粉外，一样可以卖"霸蛮文化衫"，并且一群认同"霸蛮文化"的人还可以组成"霸蛮社"，通过"霸蛮社"自发组织的各种活动去连接更多有价值认同感的年轻人。

二、"霸蛮社"如何打造文化认同体

小米的上千万粉丝仅用4年的时间，就将小米推上中国第四大互联网公司的宝座。小米的忠实粉丝，不仅会排队购买小米手机，更会对小米推出的其他产品，如小米音响、小米空气净化器、小米手环、小米电视等情有独钟。原因归结为一点，就是80后、90后草根人群对小米文化价值的认同。

为了打造高度统一的文化共同体，"霸蛮社"在粉丝入社和筛选上做了很多功课。

据张天一表示，目前"霸蛮社"已拥有20万粉丝，每天活跃的核心群体将近1万人，而这20万粉丝并不包括仅仅关注伏牛堂官方微信或微博的粉丝，而是必须具备两个重要条件：

（1）粉丝能留下关键词数据，在后台系统里至少能统计到粉丝姓名、年龄、地域、联系方式和职业这5个基本属性。

（2）粉丝非常愿意与伏牛堂连接。

当这些粉丝愿意留下这些数据时，说明他们对"霸蛮社"已经充分认可，并愿意将自己摆在"连接者"的位置。因此，即便伏牛堂的微信群有2000个之多，每个群规模为50~100人，但却能在群主的带领下，定时组织各种线下活动，尽量做到每个微信群内部人员至少都见过面。

即便如此，社群本身的定位模式是一个发展和完善的过程，"霸蛮社"粉丝也有一个淘汰机制，一些活跃度不够的僵尸粉，将会被逐步清理出群，并且新入社的"霸蛮粉"必须具备两个必要条件：一方面，必须是年轻人，这是硬性指标；另一方面，要保证有足够的活跃度，才能不被踢出局。以此来保证充分认同"霸蛮文化"的粉丝越聚越多。

三、餐饮社群的三大意义

餐饮社群对于互联网餐饮品牌的成长至关重要，它是一种互联网思维，即互联网粉丝经济在餐饮业的应用。一方面，它极大的价值认同感和品牌忠诚度，一定程度上解决了重复购买率问题，是餐饮企业维护老客户的重要工具；另一方面，粉丝之间的高度认同和互动形成了极好的口碑，让品牌传播更容易。当然，餐饮社群并不是每个企业经营的必备工具，但对应餐饮企业的发展至少有以下三大重要意义。

1. 扩大餐饮企业的选址半径

社群成员之间的强关系，会促使举行各种线下聚会活动，他们会将餐饮企业作为他们的活动据点，这对餐厅来说将会是一笔不小的收入。因此，餐厅可选择一些地段稍微偏远的位置，从而大大节省餐厅的租金成本，扩大了餐饮企业的选址半径。

2. 深度互动传播品牌价值

由于社群粉丝是一个逐步发展和筛选的过程，最终沉淀下来的都是对餐饮企业品牌价值非常认可的粉丝。通过各种线下活动，这些粉丝不仅对品牌的价值理解越来越透彻，而且他们会自发地创造内容，传播品牌信息，影响自己的朋友圈，吸引更多的粉丝入社。

3. 打造人才后备库

由于粉丝对品牌价值高度认同，他们会被品牌文化深深吸引，一旦餐饮企业有人才需求时，社群自然会成为庞大的后备人才库。据伏牛堂表示，他们大部分的员工都是90后，而且很多员工都来自"霸蛮社"，这充分体现了"员工即用户，用户即员工"的服务理念，也因为价值观的高度认同，他们比一般员工的忠诚度更高。

四、餐饮社群的四大玩法

虽然餐饮社群不是餐饮企业必备的营销方式，但传统餐饮企业在"互联网+"转型过程中，这无疑是一个不错的"招式"，那么如何玩转餐饮社群？

1. 定位法

每个餐厅的品牌定位、菜品类别、消费档次、装修环境等都不同，服务的消费人群也不一样，这就决定了餐饮社群的定位会存在差异。因此，餐饮

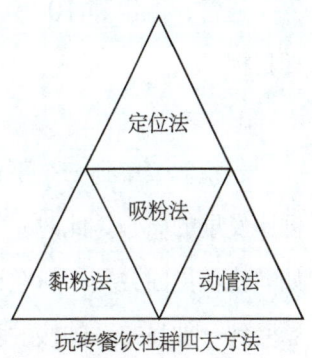

玩转餐饮社群四大方法

企业在展开社群营销之前，必须找准定位，找准核心目标用户，再将这些具有共同属性的用户，通过各种方式聚集在一起，进行更加深入的互动。

在伏牛堂张天一看来，餐饮社群分为四大类。

（1）产品型社群：基于产品组建的一种社群形态，如小米社群、果粉社群等，这类社群对产品的要求非常高，并不是所有产品都适合做社群。

（2）人格型社群：基于某一类人群特性而组建的社群形态，如范冰冰粉丝群、罗辑思维粉丝群等，这类社区都围绕人展开，人格成为他们吸引粉丝的法宝，这类粉丝通常质量高、互动频率高，但要消耗极大的精力，不是所有组织都具备这个条件。

（3）社交型社群：基于社交功能形成的社群，类似陌陌、脉脉等。

（4）传播型社群：基于传播信息需求形成的社群形态，如火爆的微商社群，他们传播的理念非常明确，且有利益捆绑作为传播的激励。

因此，餐饮企业可根据企业实际情况，进行精准社群定位。

2. 吸粉法

定准位后，接下来一步便是吸粉，如何吸引住社群的第一批铁杆粉丝最关键。

当然，铁杆粉丝不是指关注过微信的粉丝，也不仅是在店内消费过的老客户，而是指那些认可品牌文化、互动性极强的粉丝。对此，餐饮企业可通过设置一些活动来筛选出符合要求的粉丝，作为社群的第一批铁杆粉丝进行培育。例如，"扫码关注公众号，分享店内自拍＋规定话语到朋友圈"者，不仅可成为餐厅会员，而且可以终身享有店内定期举行的"新品试吃"资格。当顾客愿意参与这样深度互动的活动，基本上可以断定他对餐厅品牌已经从认知层面上升到认可层面，如此积累的粉丝才称为铁杆粉丝。

通常，能组建100人的铁杆粉群，便是普通单店迈出餐饮社群第一步的初期目标。

3. 黏粉法

当粉丝聚集到一个平台后，如何提高粉丝的黏度和活跃度，是餐饮社群能否健康发展的核心。此时，为粉丝组织各种主题的线下活动，是最常见的黏粉方式，如"粉丝见面会"、"粉丝试吃会"、"粉丝分享会"、"粉丝年终颁奖"等，让粉丝感受到一种强关系的接触和互动，便是玩好"黏粉法"的本质。

4、动情法

大部分社群都停留在好吃、好玩、好看的层面上，这仅是社群发展的初级阶段，让社群粉丝之间彼此有种"相见恨晚、宾至如归"的情感共鸣，才是餐饮社群的最高境界。当然，这是一个值得深思的话题，具体动情的方式需结合餐饮企业自身的品牌定位、品牌文化来设定，如李家餐饮主打"孝"文化，他们的动情法必用与"孝"有关的主题，如此不仅能打动粉丝，更能深层次强化品牌文化；伏牛堂主张"霸蛮"文化，因此他们的动情法自然是激发年轻人内心的那种不服输的精神。

【思考】

随着80后、90后逐渐成为主流消费人群，单纯卖产品的时代已经过去，经营粉丝、社群的品牌餐饮时代已经到来。伏牛堂打造的社群餐饮新概念，或许在很多传统餐饮人眼里感觉有点浮夸，但不可否认的是：当你的餐厅经营困难的时候，他们却在愉快地赚钱，用户在很愉快地跟餐厅互动，而且这个过程中，有越来越多的用户在自发地充当他们的口碑传播器。对此，传统餐厅应当慎重地思考一个问题：自己的餐厅究竟有多少个忠实粉丝？

第三节　黄太吉煎饼1.0华丽升级外卖2.0

品牌的互联网炒作，成就了"黄太吉"互联网餐饮品牌的典范，瞬间让其获得品牌曝光和资本市场的青睐，也最大限度地激发了用户对黄太吉煎饼的期望，可"煎饼"本身口味的局限性也让"黄太吉"品牌和其创始人赫畅饱受争议。然而不管怎样，我们不能忽视其用互联网思维做餐饮的创举对行业的重要价值。

在过去的一段时间里，面对外界种种争议，"黄太吉"没有过多地辩解，而是沉下来闷头做事、重新思考，最终在2015年6月23日，憋出了"航母式外卖服务平台"的大招，并宣布黄太吉外卖"中央厨房"国贸CBD基地1号正式启动，平台正式接入第三方品牌标准化快餐产品，为其提供集生产、包装、配送于一体的系统服务。

赫畅在2015餐饮O2O高峰论坛中表示：如果说今天3万亿元是中国餐饮市场的标准体量，我们有一个预测，也许未来外卖市场能做到"三分天下"，1万亿元的规模。他认为这1万亿元不是从原来的3万亿元里面减掉1万亿元，而是新增1万亿元。

为什么是增加1万亿元？这是因为"黄太吉"与"饿了么"等外卖平台有着根本不同：一般的外卖平台占用的是合作餐厅自身的产能，黄太吉外卖则是自己做，黄太吉中央厨房直接对接他们的供应链体系，为合作餐厅做加工，然后再配送出去。这种创新的外卖模式也迅速为黄太吉成功融资1.8亿元，成为2015年经济寒冬下的焦点。

从最初的煎饼1.0版本，到中心商业区的集中控制，再升级到外卖2.0，我们看到了"黄太吉"快速的市场反应能力，以及超强的跨界力。到底"黄太吉"如何玩跨界？华丽升级后的外卖2.0又是怎样的？我们一起来探个究竟！

一、跨界而来，用粉丝经济点亮互联网餐饮

从黄太吉外卖2.0看黄太吉煎饼1.0，最初的黄太吉借力互联网营销，迅速完成了品牌资产的累积，煎饼只是黄太吉品牌的载体。透过早前赫畅的从业背景

来看"黄太吉"的跨界，足以证明赫畅是一个创新力非常强的人。

赫畅早期留学丹麦，学习的是设计，回国后先后在百度、去哪儿、谷歌中国等互联网公司工作，还担任过 4A 公司的创意人，之后围绕数字营销展开了两次创业，都以失败告终。最终，在第三次创业中，他瞄准了传统美食——煎饼果子，创办了黄太吉，并通过各种互联网粉丝经济手段，短时间内做到年收入 500 万元，估值 4000 万元，成为国内首屈一指的互联网餐饮品牌。

1. 做好产品，是玩转粉丝经济的前提

产品是本质，好的产品能积累用户口碑，并迅速转换成品牌传播的推动力，但如果产品本身不过关，再好的营销、再多的广告也是徒劳，甚至会葬送品牌。

在项目开始之前，赫畅仔细研究了麦当劳、肯德基等世界一流的餐饮品牌，发现其在全世界流行的一个重要原因就是产品形态，汉堡就是两片面包，中间夹什么都行，但是口味千变万化。比萨只要做好面饼，上面随便撒什么都行。这样既能满足消费者对各种口味的需要，产品又非常容易标准化，有效降低了全球推广的门槛。中餐有其独特的口味，但包子、饺子、面条之类不容易标准化，因而很难竞争过肯德基。所以，赫畅选择了中国的汉堡和比萨——煎饼果子和卷饼，只有突破产品标准化的限制，将来才有可能向肯德基等洋快餐宣战。

"黄太吉"花一个月时间研发出黄太吉煎饼的配方，多少面和多少水，酱料怎么调配，每一样都有标准的规定。为了扩充品类，满足消费者多样化需求，他们还根据本土需求推出了卷饼系列、麻辣凉面等，并在做法、饼的尺寸、包装、吃法等各个方面做了创新。虽然外界对煎饼口味颇有异议，但大多是由于品牌的高热度提高了用户对产品的期待，实际上相比于街边摊的煎饼，黄太吉煎饼绝对有过之而无不及。

2. 创新场景，触发用户免费分享

关于如何做微博、如何驱使用户免费分享品牌信息，赫畅有着自己的一套营销逻辑和思路。

首先得明确几个问题：为谁做？内容哪里来？什么样的场景能激发用户分享欲望？于是，我们看到了黄太吉店前放着一个木马，让大家去骑，还有各种有趣好玩的玩意，如纽约的玩偶、巴黎的雕塑等。同时，店内的一些有趣的温馨提示

和广告也让用户忍不住进行分享,如店内免费的Wi-Fi,墙上贴着微博、微信、陌陌等账号,"所有的汉堡、比萨,都是纸老虎""在这里,吃煎饼,喝豆腐脑,思考人生"等颇有文艺气息的海报等,所有这些都是为用户创造了一个分享的环境。当用户自发分享内容时,黄太吉所需要做的就是转发互动,让消费者感受到在其他餐厅感受不到的重视。

3. 话题不断,让品牌迅速引爆

营销界有一条铁律:制造反差,即通过强有力的反差,吸引用户对某个人物、事件的关注,从而达到品牌宣传的目的,而话题事件是制造反差的重要手段之一。

刚开始时,赫畅用自己的车送外卖,结果发现大家对开着大奔送外卖很感兴趣,纷纷在微博上晒图。于是,其他店也陆续出现奔驰或其他车型送餐,最后连老板娘也加入送餐团队。

为了庆祝自己结婚五周年,赫畅邀请了微博粉丝、好友等穿正式礼服出席庆典,整个典礼策划得像个小型电影发布会。

黄太吉的招聘广告也标新立异，从员工的角度来讲述工作与梦想，甚至老板娘亲自出马，从一个妻子的角度来阐述丈夫的辛苦，以情动人。

此外，考虑到不少人晚上K完歌要吃夜宵，黄太吉将营业时间延长到凌晨两点。不少KTV是不让外卖送进去的，黄太吉就专门做了黑色袋子，外面印着有趣的"出来混要懂得伪装"字样。后来通过与温莎等KTV官微的互动，他们允许将黄太吉送入包厢，以后黄太吉再也不用"伪装"了。

诸如此类的话题事件几乎从来没有停歇过，一次又一次冲击用户的神经，勾起他们分享的冲动，也让黄太吉的品牌得以迅速传播。

4. 长于演讲，用真性情经营粉丝

赫畅曾表示，互联网时代，创始人若无趣，那他的品牌也将无趣！趣味是一种娱乐至上的精神、个性鲜明的主张，而展示趣味的重要方式便是演讲，通过演讲将个人经历、行业观点、商业模式、兴趣爱好等与外界分享。

赫畅热爱研究"外星人"和"史前文明"这类冷门的事情，甚至做出长达1500页的PPT免费狂讲6个小时去颠覆大家的三观，似乎有点天马星空，甚至有点不可理喻！试想一个卖煎饼的不好好研究煎饼怎么做更好吃，却去研究外星人？不去跟粉丝交流煎饼的下一步发展方向，反而畅谈外星科学？表面上看，的确没有关系，但仔细琢磨却觉得高明。作为创始人，赫畅已成为黄太吉品牌的一部分，他的个性表现恰似品牌文化的流露，黄太吉体现了赫畅的信念和经营理念，而赫畅的不少理念和宇宙大爆炸的理论颇为相通。

赫畅希望用户买到的不仅仅是好吃的煎饼，还能享受整个买煎饼的体验，让用户觉得很好玩，充分满足用户的好奇心，这些体验是其他煎饼店没有的。他全身心投入品牌，变为黄太吉煎饼的一部分，所以用户买到的不仅仅是一个煎饼，还认识了一个卖煎饼的研究外星人的很好玩的朋友。

二、沉默一年，憋出"航母式外卖大招"

在用互联网方式思考餐饮的过程中，赫畅不断尝试新的业态，并不断进行模式优化升级。当发现煎饼果子过于单一，赫畅便开始尝试其他品类和品牌，比如主打炖菜的"牛炖先生"、川渝风味的"大黄蜂"小火锅、"从来"饺子馆、"幸福小冒菜"、"叫个鸭子"等。

然而，他发现这类模式遵循的还是传统思路，无法大幅度压缩交易成本。于是赫畅开始尝试拓展外卖业务，并在北京CBD建立工厂店，做品牌的外卖配送业务。当外卖收入占总收入50%的时候，充分印证了外卖这一模式的可行性，黄太吉便开启了"外卖航母战略"。

2015年4月，黄太吉开始建设工厂店，由各类餐饮连锁提供产品，供应链服务商提供带有QS（质量安全）标识的半成品，黄太吉在中央工厂店做加热和"最后一公里"的集中配送。由此，品牌、供应链服务商和黄太吉之间形成三方产业联盟的关系。

与其他外卖平台不同，黄太吉提供的外卖，不需要合作餐厅自己做，不占用餐厅现有产能，而是在黄太吉的中央厨房完成最后的加工，把工厂店变成共享型的联合生产。

赫畅表示："黄太吉把自身的外卖产能剥离出来接入很多产品，是希望做一个产品型外卖，专精于某一类特别有'痛点'的人。现在看来最快的市场增量应该是在快餐上，尤其是蓬勃发展的中式快餐，标准化程度会越来越高，在这个市场很有希望杀出一片新天地。"

三、餐饮界的"宜家"，成为厨师、品牌的"连接器"

餐饮的非标准化一直是餐饮发展的一个门槛。基于消费者需求的多样化，以及餐饮市场形态的复杂性，每个菜系、餐厅都存在差异性，这让很多老板在连锁复制过程中十分痛苦。

然而，这也为餐饮移动互联网O2O提供了无限大的空间，通过互联网外卖这个容易标准化的产品，能让看似不易标准化的产品具备标准规模复制的可能。因为，外卖被送到消费者的办公室和家里面体现为一个盒子，可以把这个盒子做得很漂亮。可以把服务做得很好，让外卖脱离餐厅的装修、服务、音乐、人员、服装等产品外在的"壳"，而回归到产品的本质，让消费者消耗的是产品上的价值，而不是外在环节上的价值。

事实上，各类外卖团购平台在初始阶段利用各种补贴和推广，为餐厅解决了销售单量问题，却在无形中占用餐厅本身的产能，无法真正提高餐厅的销售业绩，甚至在某种程度上存在增加餐厅厨房负担、降低菜品质量的风险。

黄太吉创新的外卖新模式，同时解决了餐厅产能释放和外卖配送的问题。市面上，大量的餐饮集团、餐饮公司或餐饮品牌都有比较完整的供应链和供应体系，但是他们只有一个出口，就是自己开餐厅，没有人帮助他们建立产能的释放源头。黄太吉外卖中央厨房直接对接餐厅的供应链体系，为合作餐厅做加工，然后再配送出去。

赫畅表示，黄太吉要做的就是宜家，宜家的每一个家居、桌子、椅子都很标准，它背后都有设计师。黄太吉就是一个"连接器"，对接每一个餐饮品牌、每一个餐饮品牌的创始人，把他们的品牌碎片化，像设计师一样，为黄太吉提供产品设计就可以了，其他标准化的服务和产品全部由黄太吉来做。

这样一来餐厅本身的产能丝毫不受影响，释放出的外卖产能是真正意义上的增长点。此时，餐厅更像是充当一个品牌文化体验店的角色，就像苹果店的体验中心、小米手机体验中心一样。

【思考】

新事物存在一个不断发展迭代的过程，尤其在餐饮互联网转型过程中，各种细微的客观、人为因素最终会导致不同的结果。黄太吉从其他行业跨界来做煎饼，再从做单品品牌升级到外卖"连接器"，这充分印证了一个道理：世界上唯一不变的是改变，餐饮老板在餐饮经营过程中，是否时刻在变？

第四节　十年百度人，终成"首席鸭王"

这年头，做跨界事业的并不少见，但是，像曲博这样突然从百度跳到餐饮这个风马牛不相及的行业，还是让人颇感意外。2014年，曲博从百度出走创办"叫个鸭子"，一个由85后、90后"吃货"组成的年轻团队就此冉冉升起。他以独特的台步行走在京城的餐饮"T台"上，掀起了一股"叫个鸭子"的风潮。不得不说，曲博曾在百度贴吧与大市场体系工作的经历，让"叫个鸭子"怎么做都有一股子"新鲜媒体味"，让人不由自主地好奇关注。

一、浮想联翩的品名，意料之中的效果

曲博曾在一次采访中表示，有三件事情让他非常有成就感：厨艺、曾在百度贴吧工作、创立"叫个鸭子"[①]。其实，我们大可以这么理解，正因为有了学厨艺的经历、对美食的偏执，以及在百度贴吧工作经历的优势，曲博对餐饮业有了更加"互联网"的解读。这一点，从名字的创意上就可见一斑。"叫个鸭子"？家禽？抑或是那个带点色彩的男性公关？初次听到，这样的名字很容易在人们的脑中绕

---

① 来源：创业邦 http://www.cyzone.cn/a/20150202/269344.html。

几个圈，这么让人浮想联翩的名字想不留下点印象都很难！所以，"叫个鸭子"，虽然在传统餐饮江湖中颇有点特立独行的意味，但是80后、90后买账，这帮个性张扬的互联网土著居民，嘴馋叫个鸭子，发个朋友圈，能收获比平时更多的点击率和调侃式评论！

曲博以"百度贴吧式思维"创意的品名，为品牌的传播立下了汗马功劳。曾获得贴吧神级管理员称号的曲博比传统餐饮人更明白：品牌名称之于传播的效果，就如同标题之于帖子的点击率一样，出人意料的往往更能吸引人的眼球！

二、新鲜的事物、好奇的眼光，是最好的传播素材

品牌成立之后，曲博的特立独行之路也越行越远。2014年6月，佩戴谷歌眼镜的外卖小哥吸引围观者无数，不错，就是"叫个鸭子"的外卖小哥。提着略显奢华且质感十足的包装袋，戴着当时还未真正进入中国市场的谷歌眼镜，这让很多旁人误以为"是谁家的甜心男友边煲电话粥边送爱心餐来了？"其实不然，而是一个姑娘叫的"鸭子"来了，多么新鲜的认知！

谷歌眼镜成为外卖小哥"标配"，曲博并非心血来潮，而是经过了深思熟虑。同样，结果也让人感觉颇为"互联网"，与"叫个鸭子"的名字有异曲同工之处。在曲博看来，佩戴谷歌眼镜不是为了方便接听电话，亦不是为了导航引路，而是为了给消费者带去开门那一瞬间的惊喜。所谓人的第一感觉很重要，试想，如果

有人戴着还未上市的谷歌眼镜来给你送外卖，恐怕连带着外卖小哥和外卖包装一起都会"bling bling"闪着耀眼的光芒，品牌的价值也会在这第一眼信息里悄然得到提升。另外，谷歌眼镜还有一个重要的使命，就是在消费者同意的情况下记录那个惊喜的瞬间，而后形成花絮类的影像资料供于网上传播，这样记录真实消费行为的视频一旦被其他用户看到，往往会勾起到他们的购买欲望。

如今看来，谷歌眼镜是一个浪漫的惊喜也好，一次成功的自我营销也罢，"叫个鸭子"在这个过程中无疑实现了消费体验与传播效果的双丰收。而说起自我营销，就会让人不由自主地想起曲博。2003年9月，18岁的曲博成立孙燕姿北京歌迷俱乐部，用不到半年的时间让其晋升为中国内地最具影响力的"姿迷"网站。有了之前的经历，2004年曲博顺利加入百度，成为第一届贴吧管理员，也成就了他丰富的社区管理经验。而后，他又在百度大市场体系中大展拳脚，在互联网品牌、产品传播创新上形成了独到的见解。作为"右脑竞争力"得主及艾奇奖(ECI Awards)的获奖者，有着如此丰富互联网经历的曲博站在"叫个鸭子"的背后，互联网营销自然不叫个事儿。

三、回归产品本身，仍然是餐饮的初衷

当然，在网友雪亮眼睛、吃货贼刁味蕾的全方位监控下，"营销达人"曲博也从未忘记做餐饮的初衷——对美食的追求。曲博一上来就直击北京烤鸭短板：不适合外卖配送。众所周知，北京烤鸭的特色就在于皮脆肉嫩，但是这一特色只表现在新鲜出炉时，一经搁置就会完全失去风味，这就意味着，传统的北京烤鸭并不适合外卖配送。此外，曲博分析得出，传统北京烤鸭卷饼蘸酱的吃法在未来的生活方式里，会给年轻人带来负担。比如，当下的女生爱做指甲，卷饼蘸酱的吃法可能就会让她们感到不爽。

这些想法，与曲博的百度经历有关。多年来与年轻群体的充分接触，让他看到了未来的烤鸭需求动向。所以，曲博与他的团队一起推出了软皮烤鸭，没有传统烤鸭的脆皮，也不需要蘸酱卷饼，却能同样将鸭的美味发挥到极致，这一切取决于由20种秘制配料精心腌制的过程，也取决于"叫个鸭子"研发产品环节对于原料的考究。产自白洋淀，而后再被送到山东养殖的精选鸭子保证了肉质的鲜

美可口，同时再辅以秘制配料和从外至里的独特电烤方式，以求最大限度地激发鸭的美味，又可以通过外卖配送让更多的消费者足不出户就品尝到极致美味。

当然，曲博对于烤鸭的创新远不止于此，用他的话说就是"跟鸭（丫）死磕"上了，如盖了半只加拿大龙虾的"虾鸭"是"叫个鸭子"团队经过大半年的调试才推出的"新式烤鸭"。曲博就是用这种追求极致的精神，让另辟蹊径的"叫个鸭子"在烤鸭的"成名地"北京混出了名堂。

四、炒作？NO，那只是在提升品牌温度

有了回归产品的决心，有了对味觉享受与服务品质本身的极致追求，"叫个鸭子"获得了很高的客户满意度。但是，仍然有相当一部分人觉得它的火爆得益于曲博得天独厚的炒作头脑与资源。百度十年的工作经历为曲博的互联网思维运作打下了坚实的基础。于是，佩戴谷歌眼镜、高颜值男模送外卖、鼓励免单等行为多少具备了炒作的嫌疑。对此，曲博认为，这些都不是炒作，是在提升品牌的温度。

佩戴谷歌眼镜是为了做足"开门那一分钟时间"的极致服务，至于高颜值男模开着特斯拉专车送外卖，那是"叫个鸭子"团队为了解决雨雪、大风等极端天气配送问题，想出来的"绝招"，是与易到用车一拍即合的跨界合作。在此之前，宝马MINICOOPER也曾在"叫个鸭子"的专属餐车队伍中闪亮登场，并且，令人赏心悦目的高颜值帅哥送餐不是更容易赶跑恶劣天气带来的坏心情吗？所以说，男模开专车送餐的最终目的只是为了消费者在最短的时间内体验到"叫个鸭子"的极致服务。

至于"鼓励免单"，其实就是在用户心情很差、遭遇人生低谷的时候，"叫个鸭子"鼓励外卖员为其免单。曲博曾在《享说》栏目中这样分享关于"鼓励免单"的故事：

在我们刚刚运营没多长时间的时候，有个男的打电话说："我想给自己叫个鸭子。什么叫给自己叫？因为之前点的两三次，都是给女朋友、妈妈点的，今天要给自己点，我女朋友跟有钱人跑了"。我们的运营同志觉得他挺悲催的，就自己做了一个主张，说："我这只鸭子就送你了"。第二天我听说这件事，就问他："你怎么会送顾客一只鸭子？"他说："顾客跟我讲完这个故事，我觉得他心里挺难受，

我没有送他，是我自己花钱给他买的"。我当时听了很有感触，说："这个钱不应该让你出，而且还要奖励你。因为我觉得你帮助了这个品牌温度的提升"①。

对于这一点，曲博从不怀疑自己的诚意，他不止一次告诉一线员工，每一次免单都可能会是一个很好的故事，而这些故事恰恰能够提升品牌的温度。也就是说，在"叫个鸭子"，消费者体验到的不仅仅是食物的温度，还有细致入微的服务所带来的品牌温度。如果这些都是炒作，那消费者真的不介意让炒作来得更猛烈些！

无疑，曲博的跨界是成功的。与其说曲博从互联网行业改行去做餐饮了，还不如说曲博把餐饮拉进了互联网。从那个出尽风头、充满臆想的名字开始，曲博就从未脱离过互联网思维，他从一个互联网人的独特角度解读出了餐饮的新思路，走出了新出路，以一个新媒体人的敏锐嗅觉洞察着年轻群体的消费动向，以丰富的互联网经验引导着新的消费潮流。"首席鸭王"的封号，曲博当之无愧。

【思考】

餐饮企业在进行互联网跨界思考时，不妨先从"品牌名"着手。一个充满想象力、产品关联性、颇具争议的品名，往往能引起用户热议并广泛传播。创造一个带有互联网属性的品牌名称，往往能让餐厅的互联网之路如鱼得水，基于品牌名称的品牌文化、产品塑造、品牌推广、活动创意等都将水到渠成。

---

① 来源：新浪科技 http://tech.sina.com.cn/i/2015-12-07/doc-ifxmifze7592295.shtml。

第五节 一个由 100 多名互联网大咖众筹的咖啡馆

2011 年，中国首个由 100 多名互联网大咖跨界众筹起来的咖啡馆——3W 咖啡，凭借其创新的"众筹创业"模式，在传统餐饮领域格外引人注目，更受到了总理的点赞。他们以 3W 咖啡馆为契机，在一个 200 多平方米的商铺，搭建了中关村创业大街上最大的创新型孵化器——3W 孵化器，不仅解决了创业者的办公场地等硬件问题，还衍生出投融资服务、联合孵化、知识培训等其他创业服务项目，开启了一批互联网人士的咖啡创业之旅。随着 3W 咖啡的成功，国内也掀起了一股效仿他们众筹创业的热潮。

一、挟互联网大咖，股东会如同互联网大会

互联网向来不缺少新鲜话题，在 2011 年，3W 咖啡馆当仁不让成为互联网热词。有一群天天与互联科技相伴，脑中有着天马行空想法的互联网人"凑份子"开起了一家名叫"3W"的咖啡馆，并且他们当中大部分都堪称互联网大咖级人物，于是这很自然地成为人们茶余饭后的谈资！

单看"3W"，咖啡馆名字都带着浓浓的互联网气息，"www"诞生于 1991 年 8 月 6 日，而 3W 首家咖啡馆开业的日子为 2011 年 8 月 6 日，3W 在以它的方式向餐饮界强调着自己与众不同的互联网属性。自此，一个具有强大互联网基因，一个开股东大会就如同举行互联网大会的咖啡馆声名鹊起。在 3W 咖啡创业团队 2 次受总理关注、5 次受央视专题报道的情况下，3W 咖啡也正在成为一种现象级创业模式，成为当下众多餐饮人争相效仿、拼命复制的创业模式。但是，回想当年的众筹，3W 的成功模式，模仿容易，复制难，主要是因为以下 2 个原因。

1. 互联网圈子的先天性优势

3W 在 2010 下半年发起众筹，短时间内就获得了 180 多位互联网投资人、互联网企业高管的种子资金，而 3W 的股东也云集了包括徐小平、沈南鹏、陈大同、庄辰超、孙陶然等在内的互联网大咖，这让 3W 的股东犹如一个互联网人士的圈子，看起来星光熠熠。而三位 3W 的联合创始人，许单单、马德龙、鲍艾乐，无一例外地都具有丰富的互联网工作经验，这在为他们奠定了互联网思维基础的同时，也为他们积累了可观的互联网人脉。所以，由他们发起的 3W 众筹，可以说是近水楼台先得月，首先想到的自然就是吸引各位互联网大咖们的目光，这可谓 3W 的先天性互联网优势。

2. 不落俗套的商业模式

而想要得到这些互联网大咖们的青睐，项目很重要。3W 想要开个咖啡馆，这无可厚非。餐饮业，永远是一个迎合大众需求的"俗"项目，而新项目想要脱颖而出，只有不落俗套，无论是追求口感也好，追求形式上的创新也罢，"极致"、"创新"成为餐饮业从"出不了彩、赚不了钱"怪圈中脱离的法宝。而 3W 的"新"就在于将互联网基因表现到了极致，也将互联网精神发挥到了极致。这一点，让 3W 成为餐饮业中特殊的存在，也让股东们看到了 3W 运作的可行性。

二、巧用互联网基因，摆正互联网与咖啡的位置

一楼是咖啡馆，二楼是会场和 VIP 区，三楼则是创业孵化器。咖啡馆三分之一的收入来自会议活动，并且以咖啡馆为契机搭建起来的创新型孵化器也在如火如荼地进行中。但即便如此，身为餐饮行业的一员，再多的周边创新也取代不了产品——餐品本身的重要性。

3W 咖啡在 2012 年意识到，互联网思维运用得再炉火纯青，依然敌不过咖啡品质本身的魅力。也就是说，"互联网+"模式说到底只是一种新型发展渠道，最终是为了服务于产品本身。若将过多的精力放到互联网因素上而忽略了产品，

那就是本末倒置。作为以互联网为主题成长起来的咖啡馆，3W 对于产品本身重要性的领悟，来源于遭遇发展瓶颈之后探索出路时的反思。

外界以为咖啡就是个幌子，我们意识到咖啡馆品质的重要性！

其实，3W 兴起时，社会上还没有所谓的"互联网+"概念，更没有成熟的"互联网+"理论。在摸索中前进的 3W 在 2012 年遇到了第一个寒冬，一度连房租都交不起，原因在于"我们颠倒了互联网和咖啡馆的顺序"，许单单在一次演讲中如是说。而这，其实对所有热衷于"互联网+"模式的餐饮人都是一个警示：咖啡馆首先应该重视的是咖啡本身，其次才是"互联网主题"；开饭店做餐饮，首先要考虑的是餐品本身，其次才是 O2O 模式或互联网思维营销等。

于是，3W 请来了有着十年咖啡运作经验的猫屎咖啡中国联合创始人组建专业的咖啡馆团队，负责咖啡馆的日常运作。有了专业团队的支撑，回归传统产品本身的 3W 咖啡，因其产品品质的提高，在提高消费满意度的同时，也愈加凸显出它互联网基因的优势，在近两年"频开频倒"的咖啡馆创业大势中，表现出顽强的生命力和良好的发展势头！

三、营销之于 3W，自家地盘！任性

可以说，3W 咖啡在咖啡界是一个"异类"，三天两次会议或活动的频次可不是普通咖啡馆的套路，但是 3W 咖啡就是这么玩的，而且玩得不亦乐乎。

二楼的会场经常云集各方互联网人、创业人士，各种新鲜热乎的互联网信息在此交流、发酵；3W 咖啡的股东大会，那更是群星璀璨。而大型会议也好，互联网圈内举办的聚会也罢，每一次活动，只要有传播，对于 3W 来说，就有价值。而这里的价值，不只是提高营收，或是通过会议、活动得以提升的用户黏性，还有一个重要价值：口碑营销。就如同我们常见的冠名一样，在传播这些会议、活动、聚会信息的同时，也同样在受众之间传播着举办场地信息，这种潜移默化的营销价值也不容小觑。而纵观 3W 咖啡的营销推广，不难发现，有着强大互联网基础的 3W 咖啡，在成立开业之后并没有过多地或刻意地运用事件营销、炒作等方式来扩大影响力，整体看起来，更像是一场润物细无声的"滴灌"，慢慢渗透于行业市场之中，甚至在慢慢影响着餐饮的创业模式。大概是在互联网这样的自家地盘，就是任性，已经完全不需"刻意"营销了。

1. 不热衷炒作，热度从未冷却

相较于其他一些有着互联网思维的餐饮品牌，3W 的互联网因素显得更"纯净"。因为它的互联网因子大多来源于其本身的"互联网主题"和互联网基因，而非后期通过策划事件、大肆炒作等营销方式为自己戴上的互联网符号。而事实上，有了"180 多位互联网大咖众筹起来的咖啡店"这样一个大噱头，任性的 3W 咖啡也无须再做其他事来向餐饮市场展现自己独有的存在感。

2. 不刻意营销，传播从未停止

也就是说，3W 咖啡以一种从不刻意营销的姿态在为自己做着营销，这么说可能有些矛盾，但事实如此。看看大多数人认识、了解、接触 3W 咖啡的来源：一个互联网大咖众筹的咖啡馆新闻、某某公开课在那里举行、3W 创始人创建拉勾网、中关村最热的创业孵化器、总理咖啡……似乎 3W 从来都不缺少话题，一个接一个的话题让 3W 看似并未用心营销，但它的传播却从未停止。

3. 不制造热点，新闻也如影随形

有人说 3W 咖啡是幸运的，从互联网大咖众筹到获得天使资金，从咖啡馆运营的稳定到孵化器项目的打造，从受央视报道到总理咖啡诞生，3W 咖啡似乎热点不断。特别是在李克强总理视察 3W 咖啡之后，总理咖啡应运而生，成为消费者到店的必点咖啡。一个又一个的热点新闻让 3W 咖啡的知名度大增，但在这其

中，并无多少刻意打造的影子，也正因为如此，营销效果才会出乎意料的好。

身处互联网，3W或许更不屑于互联网式"昙花一现"的绚烂，而是采用了"润物细无声"的营销方式潜入人们的心底；深谙互联网，3W更深一层理解了"互联网+"的真正意义，回归了餐饮发展的根本；研究互联网，3W洞察了互联网之于传统餐饮的未来意义，勾画出了咖啡馆的新型格局……从互联网跨界做咖啡，3W成就了一个教材般的存在。

【思考】

口含"互联网"金钥匙的3W咖啡尚且在"产品"上下狠工夫，传统餐饮在尝试互联网营销时就更不应该"舍本逐末"，抛弃原本应该重视的"产品主义"。最高明的营销是口碑，各类事件、话题、活动等营销手段或许能短时间内聚焦关注，但用户从心底里对某个产品/模式的认同，和随之形成的"口碑"效果，远比其他手段来得实在有效。

第六节　当互联网搭线米粉，"四无"智慧餐厅面世

餐饮智能化已成为行业发展趋势，"无服务员、无收银员、无采购员、无专业厨师"这样的"四无"智能餐厅已不再只是一种希冀。2016年4月11日，由刘正创建的人人湘2.0版本未来餐厅实现"四无"，并对外正式营业。

在高科技公司工作多年的刘正，跨行从事餐饮，并无任何经验，但却带着深刻的互联网"基因"，将智能化融入餐饮运营当中。由最初的微信H5初级点餐系统，到如今真正发展起来的"四无"智慧餐厅，刘正携自主研发的香橙智能餐厅系统，以"人人湘"为载体，在餐饮界画上了智能时代至关重要的一笔。刘正曾表示，人人湘在专注经营粉丝的同时，也致力于打通餐饮产业链，将餐饮人从繁杂的餐饮管理中解放出来，使其真正关注提升产品与服务。

从创立人人湘开始，刘正一直坚持用互联网思维打造餐厅，甚至连"人人湘"的名字都是来源于用户制作的攻略。因此，在开设人人湘1.0餐厅时，刘正就对餐厅点餐及支付形式进行了改革，在微信、支付宝等已有的软件基础上创新，借助互联网平台实现餐厅服务的升级。而后，刘正带领人人湘团队自行研发香橙智能餐厅系统，助力人人湘2.0未来智慧餐厅的升级。

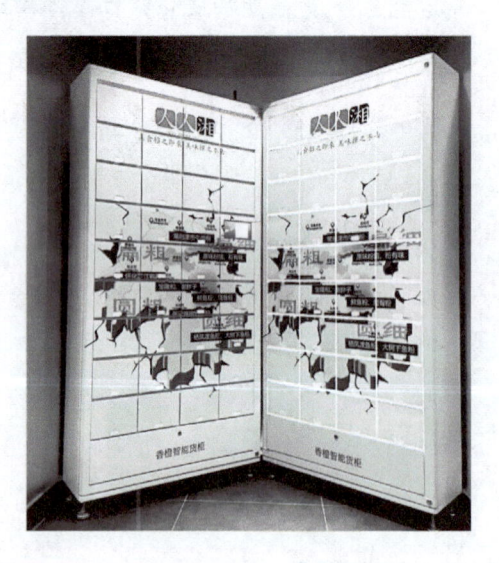

一、如何用互联网思维打造"智慧餐厅"

翻开人人湘的团队名单，你会发现这个团队竟少见餐饮专业人士，而是由一些互联网企业的高管汇集而成，这股互联网"新血液"也奠定了如今人人湘在餐饮界的互联网巨头地位。刘正始终认为，只有互联网思维才能带给餐饮界更多新的生机，而人人湘的出现正是互联网思维的极致体现！

1. 寻找可标准化程度高的产品

互联网时代的一大特性便是"快",想要在餐厅经营过程中更好地融入互联网思维,必定需要让餐厅的经营跟上互联网的快脚步,才能实现餐厅与互联网的同步发展。但是除了管理控制上可以引进新科技设备,让管理跟上互联网步伐外,餐厅的灵魂始终还是产品,只有让餐厅的产品跟上"快脚步",才能从根本上加快餐厅的"进化"速度。

传统中餐的出菜时间偏长,这是由中餐制作过程中难以实现标准化的特性决定的。而菜品制作时间长,必然延长了顾客到店的等待时间,使餐厅的整体效率下降,无法实现高翻台率。因此,选择一款标准化程度高的产品作为餐厅菜品主打,便能解决菜品出品效率低的问题。而作为湖南游子的刘正,对家乡本就有一种浓浓的眷恋,他也相信在异乡游子的心中同样会对家乡美食心心念念,于是他便决定从湖南米粉着手,打造能实现快速"进化"的智慧型餐厅。

2. 圈粉,需以产品主义为先

人人湘团队认为,专业的事要让专业的人来做才是最合理的逻辑。创始人刘正虽是地道的湖南人,对湖南米粉有着更深的情怀,也对湖南米粉口味的正宗与否更具评判的资格,但他毕竟不是专业做米粉的人,要为更多顾客提供美味正宗的湖南米粉产品,就需要找到专业的人来做这件事。

于是,人人湘团队为搜寻最正宗的湖南米粉口味,制作出极致的产品,前后七下湖南,走遍了长沙、常德、衡阳、永州等具有湖南特色的地方。团队为了这份极致的味道,曾三天内品尝了四十几家店的一百多种米粉,最多的时候竟在一天内跑了3个城市、吃了11顿米粉宴、留下了12个店老板的电话。当锁定最佳的制粉师傅人选时,人人湘团队还用上了刘备三顾茅庐的精神,经过六次交涉,最终用决心和诚恳打动了著名的米粉传人,更让他破釜沉舟般地将湖南老店盘出,举家迁往北京,共同加入人人湘的创业队伍中。

此外,餐厅开业前期,人人湘针对产品口味进行了测试和分析。由于餐厅的点餐过程都是在微信上进行的,借助互联网平台,能有效分析客户数据。于是人人湘最终依靠数据反馈,将餐厅的极致品类缩减到5~8种。刘正认为,如果餐厅的菜品种类过多,反而会影响餐厅效率。面对品类较多的菜品选择,顾客点菜的重复率会有所下降，进而导致后厨备菜耗时变长，顾客等待上菜的时间也延长了，这样的时间成本对餐厅而言太高了，不利于翻台率的提升。因此，人人湘决定将主动权掌握在餐厅手里，由餐厅控制菜品种类，只打造几款精品，如"老馋粉"、"黄鸭叫"（至尊鲜鱼粉）、"辛太急"（原味鱼粉、白汤鱼粉）、"椒无双"（辣椒炒肉盖码粉）、"互撕卤牛肉"、"情怀蛋"（卤蛋）、"任性饺"（丛毛蕌煎饺），让顾客能在最短时间内做出选择，在加快点餐速度的同时，还能提高后厨备菜速率，食材采购环节也随之简化。

当然，为了保证菜品能长期具备竞争力，人人湘也会进行产品的定期迭代，定期研发新品并进行测评。除了几款主打的菜品不参与更新外，菜单上的其他产品几乎都会进行定期淘汰，替换成新品测试中的爆款产品，以保持消费者对餐厅的新鲜感。

人人湘在湖南米粉上"死磕"，只为向消费者提供极致的产品，这是人人湘能成功圈粉的关键。如今多数互联网餐饮，往往在互联网之路上极尽创新、耗尽心力，但却忽略了餐厅的灵魂所在，那就是菜品本身。没有好吃的产品，互联网思维也只能沦为噱头，所以人人湘在对餐厅智能化进行钻研开发的过程中，始终坚持以"产品主义"为先，这也是人人湘最终能有别于众多互联网餐饮品牌，突围而出获得成功的重要因素。

3. 支付升级，提升效率与销量

人人湘未来智慧餐厅2.0在餐饮同行中颇具知名度，但实际上在人人湘餐厅1.0时，刘正便已经嗅到了智能餐厅的商机。就在其他餐厅仍在进行电子支付革命时，人人湘除了加入电子支付行列，更通过自主研发微信内部点餐系统，实现了餐厅点餐及支付的互联网化。

借助智能点餐系统和电子支付，餐厅撤掉了收银台和点菜的服务员，不仅降低了餐厅用工成本，而且省去了传统餐饮门店收银台找零的繁冗过程，提升了服务效率。在人人湘所有的门店内用餐，都必须使用微信或支付宝等线上支付方式，不收取任何现金。

曾有人问过刘正这样一个问题，既然人人湘自主研发出了点餐系统，为何不再另外研发一个全新的APP，反而要选择以微信平台作为载体。刘正认为，微信已经成为大多数人的社交必备软件，尤其是80后、90后的消费群体，对微信等软件的运用已几乎达到了全面普及的地步,而这部分消费者也正是人人湘的目标消费群体。再加上微信平台的社功能,使得餐厅与消费者之间的互动也变得自然流畅,所以借助微信为载体并不会影响人人湘的传播推广,反而有助力发展的效果。另外,当用户正顺畅地使用微信平台功能时,为何要让他特意退出并重新开启一个新的APP界面?而且这样的APP还需要用户另行安装,这对用户来说是一个不产生效益的过程,所以人人湘的点餐系统直接依托于微信平台,借助服务号就能大大提升消费体验。

无论是全面支持电子支付、撤销传统收银台,还是选择以微信平台为载体联通餐厅与消费者,都体现了人人湘在效率上的极致追求,效率的提升也直接促进了销量的上涨,为餐厅带来了更多盈利的空间。

二、升级迭代,"四无"智慧餐厅问世

人人湘1.0智慧餐厅仅在点餐及支付方式上进行了创新,将餐厅的点餐过程及支付过程互联网化,但并未能全面带动餐厅更多运营环节的效率提升。因此,升级餐厅、加快未来智慧型餐厅的进化就成了人人湘的关键任务。

如今,人人湘的"四无"未来智慧餐厅2.0也已经如约而至。所谓"四无"是指无服务员、无收银员、无采购员、无专业厨师。人人湘的"四无"智能餐厅是基于团队研发的香橙智能餐厅系统,该系统几乎囊括了一间餐厅的所有环节,从用户点餐、叫号服务到ERP管理、后厨管理,甚至进销存货等环节都能运用该系统实现标准化的高效运营。

刘正表示,人人湘未来餐厅之所以能实现"四无",关键在于智能系统能有效打通餐厅的前、中、后端,将每一份菜品的消耗进行拆分以实现最低损耗,同时将尽可能多的环节数据化,减少人工环节。这样既降低了可能因人工失误所导致的隐性成本,又直接砍掉了人工使用的成本,实现了成本控制。

相较于人人湘餐厅1.0,未来智慧餐厅2.0除了云餐厅系统的升级外,实体店也实现了"进化"。智能点餐机接入了更多的支付方式;餐品传送及餐后用具的自动回收被高科技智能产品完全取代;另外,餐厅内还增设了互动屏幕和"找人代付"功能,充分满足互联网用户的互动社交需求,真正将互联网思维融进了

餐厅的每一个角落。

三、互联网餐饮智能化运营蓝图

作为一个互联网餐饮企业，数据分析是必不可少的，开业以来，人人湘也一直坚持对数据进行分析。在最初餐厅使用微信点餐系统时，人人湘统计出了这样的数据：餐厅营业第一周，配合餐厅使用微信点餐的消费者约占50%，第二周为60%左右，第三周约占70%。如今人人湘的顾客微信点餐率达到了99.3%，也再没有顾客愿意让餐厅服务员协助点餐了。系统使用率在每周的经营中都呈现强劲的增长势头，这也说明消费者对互联网餐饮的智能化运营接受度很高。

从麦当劳和肯德基等洋快餐将点餐自取的模式带入中国，再到真工夫等中式快餐的效仿，餐饮业并没有在互联网智能化方面有较大的突破，仅仅停留在模仿阶段。但是人人湘、黄太吉等餐饮企业却从点餐、消费等环节入手，改变了以往餐厅排队消费的模式，甚至将智能系统运用到餐厅管理等环节中，让餐饮运营逐渐进入数据化时代。通过数据监控和分析，让餐厅管控具备更多的科学依据。

互联网快时代已然来临，人们也越来越在意效率的提升。借助智能化系统，简化服务流程来提升消费体验，不仅能实现餐厅的高效运营，更能减缓餐饮业"四高一低"的客观压力，这样高效而不失服务质量的智能化运营模式也受到了当下越来越多消费者的肯定。

【思考】

与其说人人湘智慧餐厅在迎合消费者使用习惯，不如说它在努力培养用户的使用习惯，随着80后、90后用户逐步成为消费主力军，餐厅智慧化发展已然成为一种趋势。或许不是每一家餐厅都能像人人湘那样打造自己的"未来餐厅"，但至少应当意识到用户使用习惯的改变，并在服务、支付、体验、营销等环节中植入互联网思维。

第二章

产品经理思维：打造令用户尖叫的产品

餐饮业的核心是满足人类对"吃"的原始需求，因此其经营的本质是经营产品，任何花哨的推广、豪华的装修、细致的服务等在消费者对美食的追求面前，都退居其次。互联网产品经理思维在餐饮行业的应用，就是围绕如何打造令用户尖叫的产品而展开，回归初心，用"匠心"精神来雕琢产品，赋予产品会说话的属性，触发用户免费为品牌传播。

第一节 回归初心，用"匠心"打造产品

在互联网大潮的侵袭下，越来越多的餐饮企业开始走向线上，无论是O2O商业模式的打造，还是借助互联网进行宣传推广，餐饮企业都意欲从网络中寻找新的出路。第一章提及的"黄太吉"、"叫个鸭子"、"伏牛堂"等互联网餐饮品牌，他们经营着不同的产品，产品定位也各不相同，却有着相同的起飞点——互联网，以及相同的落脚点——产品。他们在借助互联网营销手段为餐厅引来流量的同时，又不约而同地开始回归产品本身，强调好产品之于餐厅的重大意义。

与此同时，日本寿司之神小野二郎倾尽一生只做寿司，台湾"牛爸爸"牛肉对食材的考究简直到了极致，"西贝"也于2014年首次提出了"好吃战略"，传统型餐饮始终视产品为餐厅的生命，推崇以"匠心"精神去塑造产品价值，用优质的产品"俘虏"用户芳心。

一、网络上的卖力吆喝，最终要回归产品本身

1."雕爷牛腩"以求道的精神打造一碗牛腩面

孟醒认为，与营销相比，餐饮行业更应静下心来钻研美食本身，产品本身所具备的价值更高于网络流量所能带来的价值。无论何时，菜品本身都该是餐饮行业的战略重点。

在2013年，孟醒挥出大手笔，以一张500万元的"中奖后的彩票"买了一张秘方，一张来自于食神戴龙先生关于牛腩制作的秘方，之后才有"雕爷牛腩"的招牌菜式——一份食神咖喱牛腩与一碗鲍鱼金汤牛腩面。

食神咖喱牛腩中的咖喱，是用二十一种香料所配，其中不乏来自斯里兰卡、

巴基斯坦等国的珍贵香料，有些香料一克就近100元，为了打造极致配方，戴龙不断改进20余年；鲍鱼金汤牛腩面里的面，采用加拿大曼尼托巴省进口的小麦芯粉手工揉制而成，比一般面更筋道、更爽滑；与面相得益彰的那一碗金汤，是精选上等牛骨，搭配鲍鱼、老母鸡、牛筋、冬菇等食材长时间熬制而成，鲜香扑鼻，吃起来让人欲罢不能。同时，为了打造令人尖叫的极致产品，孟醒对餐具的武装也到了疯狂，碗是"专利碗"，专为鲍鱼骨汤牛腩面量身打造，厚重且手感佳；筷子是"专属筷"，甄选缅甸鸡翅木作为原料，全新且使用后当做礼物送给顾客；锅是"铁扇公主锅"，为炖牛腩而特意研发，并申请了专利保护。

除了来自"食神"戴龙牛腩秘方带来的巅峰味蕾享受之外，"雕爷牛腩"的其他餐品也均是美味与颜值同在，讲究食材与食材之间的激烈碰撞。每一款菜品都经过资深营养大师和厨师的精雕细琢，不管是强调视觉观赏性的摆盘、造型、甚至色彩搭配，还是食物搭配本身带来的营养价值，抑或是由舌尖传递出来的极致享受，"雕爷牛腩"都做得极为用心。例如，那一份"冰与火之歌"——黑松露冰激凌，就是将食材界"黑钻石"黑松露与甜糯冰激凌巧妙搭配，将营养以美味的形式迸发出来，将美味以艺术的形式呈现出来，让顾客吃一次就难以忘怀。

2. "叫个鸭子"的秘制软皮烤鸭

"叫个鸭子"创始人曲博曾多次在采访中提出："酒香不怕巷子深，不要把精力与资金过度花在炒作与广告上面，而要保证产品本身食材的一级品质。有了第一批忠实顾客的良好口碑，销量就不用担心。"

"叫个鸭子"避开传统脆皮烤鸭不适于外卖，以及蘸酱食用程序繁复的短板，开创了美味软皮烤鸭外卖的先河。不仅在原料选择上颇有讲究，选自白洋淀无催化的生态鸭，而且在味道方面也颇为突出，精选20种配料制作而成，鲜而不腻，别有一番风味，因此颇受白领阶层的欢迎。

如此看来，"雕爷牛腩"最"牛"之处不在于孟醒超前的互联网思维，而在于那一张500万元的牛腩秘方；"叫个鸭子"对顾客最大的吸引力不是帅哥加豪车的组合，而是来自烤鸭本身的诱惑；人们多次光顾"伏牛堂"也不是因为对张天一北大硕士生的好奇，而是出于对正宗湖南牛肉粉的追寻。互联网营销之于餐厅的意义是让更多消费者认识你，而让消费者最终喜欢上你的根本原因还是产品。

二、匠心出品，好产品自己会说话

1. 26年间专注做好一碗牛肉面的"牛爸爸"

牛肉面在中国台湾的街头很常见，是台湾的"全民小吃"，但能够吸引世界各地的美食家专程前来品尝，吸引米其林大厨专程造访的牛肉面却为数不多。台湾"牛爸爸"牛肉面便是其中之一，以至于他推出一款一万新台币一碗的"天价"元首极牛肉面，食客依然叫好不断。

"牛爸爸"王聪源表示，元首牛肉面采用澳大利亚、美国、加拿大、新西兰四国牛肉，六块牛肉厚实且油花分布均匀，入口即化，牛筋晶莹剔透，牛腱富有弹性，汤汁鲜香美味。

王聪源1990年创立"牛爸爸"，自此，他开始了"路漫漫其修远兮"的求索之路。为了寻找最适合做牛肉面的顶级牛肉，打造一碗真正意义上的顶级牛肉面，26年来他不断地从牛肉选择、烹饪手法、餐具厨具等方面悉心研究。他认为，烹饪讲究人面合一，手法、心灵与菜品的契合，他不断试验最能激发牛肉面美味的餐具与厨具。所以，现在的"牛爸爸"牛肉面，里面的每一块肉都要经过清洗、修型、烹煮、调味、冷冻、切块、选别、浸泡等工序，烹饪一块肉往往需要4~7天时间，且每一块肉又被切成了特定的形状，是最符合美味原理的形状；牛身上的不同部位配合大骨熬出五、六种浓郁汤汁，是与二十多种特制面条相得益彰的美味基础。

王聪源说，他的目标就是将"牛爸爸"做成世界第一牛肉面店。从四十岁开面馆做牛肉面的王聪源，26年来专注做好一碗面，精益求精，将一碗面做到了极致。一间两百平方米的店面，没有过多的营销策略，却做到了世界闻名，各大媒体免费为他宣传，皆源自"匠心"的力量。

2. 倾注一生时间只做寿司的寿司之神

寿司在日本是一种非常普遍的传统美食，随处可见各种寿司门店，但只卖寿司、只有十个座位、没有菜单却需提前1个月订位的寿司小店却非常少见，位于银座办公大楼地下室的"数寄屋桥次郎"便是这样一间店。传说中的"寿司之神"小野二郎便是这家店的老板，拥有世界上最小的"米其林三星"餐厅，没有豪华的装修，空间极为狭窄，不卖酒水饮料和小菜，只卖寿司，人均用餐时间仅15分钟。据说，美国总统奥巴马访日期间，日本首相安倍晋三便是请他在二郎寿司店用餐。

小野二郎对寿司倾注了毕生精力，并以一颗"匠人之心"对每一块寿司的制作倾注全部的热情。他对工作极为严律，对自己从不感到满意，对徒弟的要求更近似苛刻，可以说他是一个完美主义者。但正是这种对产品的极致追求，才造就了他超高的技能，他捏起寿司来就像在演奏一首交响曲，行如流水，极富节奏。

小野二郎认为，寿司的重要食材是鱼货和米饭，这些食材的好坏会直接影响到口感，因此他要求各种食材的供应商都是行业顶级。比如鲔鱼一定要是市场当天最好的一条；比如怎样给米饭保温，才能保证客人吃到嘴里时是最佳的味道。

小野二郎每天早晨都会去筑地市场挑选最高级的食材，直到70岁才由于身体原因让自己的大儿子接替了这项重要任务。

传统的日本料理对上菜顺序非常有讲究，口味重的菜品要靠后，小野二郎将这一点创造性地融入自己的寿司店里，被称为"三章"：第一章是经典彩色，比如鲔鱼、斑鰶；第二章是当天新鲜的鱼货，这里更像是一种即兴创作；第三章是海鳗、干瓢、煎蛋等。在这样科学的赏味顺序中，抑扬顿挫，吃寿司就像在听音乐。

小野二郎的寿司不仅在品质上追求完美，更在服务上体现到极致。他会细心观察自己的每一位顾客，如果用餐的是女士，他会把寿司捏得略小；如果顾客是左撇子，他对应放寿司的位置也会进行调整；他甚至会提前安排顾客的位置，并记住这些，以不打乱用餐的节奏。

小野二郎说："我一直重复同样的事情以求精进，总是向往能够有所进步，我继续向上，努力达到巅峰，但没人知道巅峰在哪。我依然不认为自己已臻完善，爱自己的工作，一生投身其中。"正是这种令人敬畏的"匠人精神"，赋予一块寿司神奇的生命，用户为之感动，进而口口相传，才成就了今天被全球所敬仰的"寿司之神"。

三、关于"匠心"回归，餐饮企业该怎么做

"匠心"体现的是一种态度，一种对所从事行业的敬畏，不管是互联网还是餐饮，都需要用一种"匠人"的情怀去经营。我们从乔布斯对苹果品牌的塑造上看到了"匠心"，从小米的"专注极致"营销策略看到了"匠心"；我们也从牛爸爸、小野二郎那里感受到餐饮人的"匠人精神"。所以，互联网的产品主义与传统餐饮的"匠心"殊途同归，传统餐饮人应借鉴互联网"产品主义"思维，进一步思考产品在餐饮发展战略中的地位。

1. 战略回归

现代营销学教父菲利普·科特勒提出的"4P"营销理论中的第一个"P"是产品（Product），他强调挖掘产品独特卖点，并将其作为营销战略的第一位置。同理，将发展战略拉回到产品本身，将更多的精力放在对产品的追求上，才是餐

厅发展新客户与留住老客户的根本。

利用互联网工具制造话题、策划事件以吸引用户关注餐厅，是一个正确的营销思路。但其目的显然不是将毫无亮点，甚至劣质的产品强行推给大众，而是让更多人认识品牌和产品。门庭若市的餐厅，靠的也不是因为一时的好奇与新鲜而首次登门的顾客，而是好口碑拉来的回头客。

2. 营销回归

"酒香也怕巷子深"，营销在品牌宣传和引流上的作用不可小觑，但无论是通过互联网制作噱头还是策划活动，其目的是吸引用户进店消费，所以在营销上餐饮企业可以讨巧借势、出奇制胜，但绝不能放大互联网营销在餐厅经营中的地位，更不能为餐厅贴上营销炒作的标签。餐饮企业应该将营销聚焦到产品本身，一方面尽量从餐厅的产品切入制造话题点进行包装；另一方面，以一颗"匠心"打造极致产品，赋予产品独特的价值，让用户为之尖叫，自愿充当品牌的口碑传播器。

总之，无论是互联网餐饮品牌，还是转型中的传统餐饮企业，在利用互联网工具的同时，一定不能忘记经营餐饮的本质——产品，因为产品之于餐饮的意义，就如同血液之于生命，餐厅以什么态度对待产品，消费者就以什么态度对待餐厅，以一颗"匠心"打造极致产品，以消费者口碑作传播利器，才是最高明的营销手段。

【鹤九提问】

作为餐饮创业者，在选择一个餐饮项目时，首先应当问自己三个问题：

（1）为了经营一门生意，想着赚更多的钱？

（2）为了赚人气和知名度，尽量用资本的力量推动发展，快速上市？

（3）还是为了经营一份事业，出于对餐饮的热爱和敬畏，用心为消费者烹制健康美食？

如果回答是第三种情况，那恭喜你离"匠心"不远，且成功的概率会比前两种情况要高很多，这个项目非常值得去做。

第二节　如何让餐厅处处充满"故事"

纵观当今餐饮业，一大批"四有好公民"汹涌而来，让原本低调的餐饮江湖异常热闹。他们有曝光率、有硬工夫、有时代特点、有"故事"，故称餐饮业的"四有好公民"。

（1）有曝光率：以"雕爷牛腩"、"黄太吉"为首的互联网餐饮品牌，借助互联网之风以迅雷不及掩耳之势在网上迅速走红，超高的曝光率带来非同一般的人气与粉丝经济。

（2）有硬工夫：出名靠"耍嘴皮子式"的网络炒作无可厚非，但餐厅经营要长久，还得靠硬工夫，必须有吊得住客人胃的菜品，即便像"雕爷牛腩"那样的明星餐厅，也得依仗"食神"戴龙的顶级牛腩秘方。

（3）有时代特点："雕爷牛腩"的轻奢、"伏牛堂"的霸蛮、"外婆家"的快时尚等，呈现出这个时代消费者追求个性、标榜自由的需求特性，充分抓住了食客的消费心理。

（4）有故事：有故事向来不是现代人的专利，古代有王母娘娘下凡、官廷秘制流传等版本，现代有"雕爷牛腩"的 500 万元秘方、"外婆家"的温情故事、"李家小馆"的孝"字"当先……给品牌蒙上故事的传奇色彩，赋予每一道菜一个故事渊源，这是从古至今在餐饮业流传的一种营销手段。

其中，"有故事"是互联网"产品主义思维"的重中之重。那么，怎样挖掘餐厅品牌、菜品、服务等各个维度卖点，赋予其故事，让顾客在用餐的过程中欣然接受，并乐于向周边朋友传播呢？

一、学会用故事为餐厅"拉选票"

故事对于餐饮品牌的重要性，就如同煽情对于选秀的作用一样，若没有点"故事"煽情，你都不好意思上选秀节目。于是，关于选手爸爸妈妈爷爷奶奶七大姑八大姨的故事纷纷被搬上荧幕，赚了眼泪，拉了选票，最终才能完美胜出。

回归餐饮行业，给品牌"编"一个故事，找一个承载品牌情感的场景，不仅仅因为消费者向来喜欢听故事，更因为它是餐厅品牌文化的体现，这种由故事呈现出来的文化显然更容易被消费者所铭记。从心理学角度理解，从情感角度切入更容易攻克消费者心理防线，最终将其吸纳为品牌粉丝，这效果等同于"拉选票"。

下面，我们来看看这些餐厅是怎样"讲故事"的！

1."外婆家"：无声的温情故事

"外婆家"，只看名字就让人顿感亲切！或许我们还会因此脑补一下关于外婆美食的温馨画面：外婆系着围裙在厨房中忙碌的身影，外婆家老式餐桌前留下的欢声笑语……没错，"外婆家"餐厅就是这样，定位像外婆家一样温馨、质朴的存在，赋予品牌更多温暖、亲切、平民的元素，让人们在美食中对于外婆的情感有了片刻的释放。看看"外婆家"的装修，甚至菜品名称，完全围绕着这样一种情感氛围展开，一桶豆腐、外婆鱼头、外婆小牛肉、外婆红烧肉、宋嫂鱼羹……没有让食客云里雾里的餐品命名，反而是这种朴实到白话的名称，更容易让人联想其背后的温馨小故事。以"外婆家"为主题营造出来的就餐氛围，让食客还未开口，脑海里就已满满的都是故事。

2."李家小馆"：关于"孝"的故事

"李家小馆"，创始人李伟，16岁从农村来到城市，从月薪50元的学徒工做起，经过自己的努力月薪从600、800、1000、3000元，再到5000元，21岁就做到厨师长。出身并不富裕的李伟，跟大多数的打拼者一样，有一个愿望：希望将父母接到城里尽孝。于是，李伟创立了全国首家"孝"字文化主题的餐厅"李家小馆"，仅在情感上，就引起了很多人的共鸣。

为了将"孝"的故事融入餐厅文化，"李家小馆"创新一道招牌菜式"孝心大馒头"，重达3斤之巨，外加三样蘸品，纯手工制作，无任何添加剂、改良剂、增白剂等，统一售价28元1个，因此被誉为"天价馒头"。可但凡来店里消费的家庭用户，必点此菜，因为这"孝心馒头"不仅融入了"李家小馆"创始人背后的故事，也被他们定期举行的各种孝文化活动赋予了"孝道"的标签。例如，"李家小馆"会定期免费给年满60岁以上的老人送"孝心大馒头"；每逢学生寒暑假，他们还会组织一些中小学生来餐厅，自己动手做馒头给父母，用行动教育他们要从小树立"百善孝为先"的理念，并在活动结束后要求每人写一篇作文，进行孝心传递等。

自此，"李家小馆"将"孝道"做成了餐厅的文化，触动的是人们心底那根柔软的神经，有些食客会因此而特意将家庭聚餐设于此地，无论是对父母情感的表达，还是对儿女教育的引导，"李家小馆"在某种程度上也超越了普通餐厅所能赋予的意义。

3."伏牛堂"：百店拜师学艺

关于"伏牛堂"湖南牛肉粉，大部分人的第一印象是"北大硕士米粉"，这是创业者本身"经历"赋予了餐厅品牌故事。这个故事让"伏牛堂"开业第一天起便备受媒体关注，各种挖掘其背后故事、创业艰辛、大学生就业的媒体报道铺天盖地，为它省掉了大笔媒体公关费。

为了印证"伏牛堂"所制湖南牛肉粉的"正宗"，创始人张天一便将自己拜师学艺的经历以"讲故事"的方式公布于众。2014年2月，张天一和表弟周全回到常德，开始走街串巷试吃米粉，据说当时一天吃十碗吃得嗓子冒火。最终，他们挑中了几家口味极好的店，包括常德最有名的刘聋子，想着拜师学艺，但都被拒之门外。失望之时，无意间发现了一家口味非常正宗的米粉店，在征得老板同意后，他们经历了拜师、学艺一系列的过程，又进行了标准化提炼，买了一把小秤，在无数个夜晚一小勺一小勺地称量每一种中草药、配料的分量，通过常德餐饮协会邀请当地最有名的几家米粉店的主厨品尝，最终才研制出这正宗的牛肉粉配方。

这样一个非同寻常的求师经历，充分展示了湖南年轻人的"霸蛮"特性，也与"伏牛堂"的"霸蛮文化"相呼应，加之北大硕士生的背景，深深地吊足了北漂湖南人的胃口。再来看"伏牛堂"餐厅之所以天天门庭若市，也就不难理解了。

二、学会用"历史名菜"为餐厅添故事

中国是美食文化之都，饮食文化源远流长，八大菜系、上百种烹制手法，每个地域都有自己独特的饮食文化。据不完全统计，全国约有各式菜肴一万多种，其中不乏像"诸葛烤鱼"、"东坡肉"、"北京烤鸭"等历史名菜。这些名菜背后的

故事历久弥新，为后人津津乐道，具备任何新品都不具备的广泛认知度，因此，将其引进餐厅或者独立创立品牌，不失为创造故事的最快方法。

1. 基于历史名菜打造独立品牌

一般历史名菜都具有广泛的知名度，不需要过多的市场教育，消费者对菜品的品质和故事都已非常清楚，若能以此打造独立餐饮品牌，那将节省大量的市场教育成本，瞬间拉高品牌的档次。如重庆餐饮品牌"诸葛烤鱼"便是直接借势历史名菜"诸葛烤鱼"而创建，历经12年发展，全国发展连锁店超600多家，在新加坡、法国等国皆有门店，多次被央视等媒体报道。

关于"诸葛烤鱼"的历史故事：

诸葛烤鱼是一道汉族传统名菜，属于川菜系或湘菜系。相传在三国时期，隐居在琅琊县的诸葛亮最爱吃的一道菜就是烤鱼，这种烤鱼的用料和做法与普通的烤鱼多有不同，别具特色。诸葛亮常备家宴，邀请几位好友共品烤鱼美味。后来，诸葛亮离开隆中，辅佐刘备打天下，还专门将善制这道菜的名厨请到身边。刘备在成都称帝后，诸葛亮又将其推荐至宫中。这种烤鱼不但诸葛亮百吃不厌，刘备、关羽等人也都非常喜欢，由此成了皇家御宴上一道不可缺少的美食。诸葛亮去世后，民间有人将这种烤鱼改名为"诸葛烤鱼"，以此纪念诸葛亮辉煌的一生和高尚的品格。

2. 引进历史名菜打造招牌菜式

若历史名菜不能作为品牌直接注册商标，那可以直接将其引进餐厅，作为餐厅的招牌菜式，以提高餐厅的菜品竞争力。如北京餐饮品牌"全聚德"以"北京烤鸭"闻名中外，经过不断创新发展，形成了以独具特色的全聚德烤鸭为龙头、集"全鸭席"和400多道特色菜品于一体的全聚德菜系，备受各国元首、政府官员、社会各界人士及国内外游客喜爱，被誉为"中华第一吃"。

关于北京烤鸭的历史故事：

明初年间，老百姓爱吃南京板鸭，皇帝也爱吃，据说明太祖朱元璋就"日食烤鸭一只"。宫廷里的御厨们就想方设法研制鸭馔的新吃法来讨好万岁爷，于是也就研制出了叉烧烤鸭和焖炉烤鸭。随着明成祖（即朱棣）篡位迁都北京后，也顺便带走了不少南京城里烤鸭的高手。在嘉靖年间，烤鸭就从宫廷传到了民间，

三、让餐厅充满故事里的"大学问"

关于餐厅故事，无论是注重一种噱头，还是营造某种情感，无论是借势历史名菜打造品牌，还是作为餐厅的招牌菜，都无一例外地在表达一种产品主义理念：为餐厅、产品、服务增添故事的趣味和文化。

1. 餐厅究竟从哪些方面讲故事

（1）**品牌故事**：从品牌起源里挖掘品牌故事，类似"诸葛烤鱼"、云南过桥米线等，这类故事通常能体现餐厅品牌深层次价值，是餐厅品牌文化的根源。

（2）**创业经历**：从创始人的创业经历来挖掘故事，类似"黄太吉"赫畅、"伏牛堂"张天一拜师学艺经历，赋予他们互联网餐饮的典型标签，让餐厅的知名度随创业者一起"扶摇直上"。

（3）**企业文化**：从餐厅企业文化切入，挖掘餐厅员工、活动、服务等各个环节的故事，类似海底捞的"变态服务"与"定期给员工家人寄钱"等。

（4）**招牌菜品**：从餐厅的招牌菜式入手，通过故事塑造招牌菜的价值，类似"万绿湖水库大鱼头"、《舌尖上的中国2》中张爷爷的"手工空心挂面"等，让珍稀的原材料和名厨为招牌菜讲故事。

（5）**名人进店/开店**：从餐厅的特殊顾客群入手，借助名人、政要、网红的影响力，来提升餐厅的品牌附加值，类似"雕爷牛腩"食神秘方、孟非的小面、木屋烧烤关于奥巴马弟弟开烧烤店等。

2. 怎样讲故事才更能打动人

（1）**契合**：任何事物都讲究适合，精彩的故事若不契合餐厅也未必是好故事。就如"外婆家"，由菜品延伸讲的是"外婆家"的故事，达到了菜品与文化的高度契合。试想，如果通过故事为其硬盖上奢华宫廷、豪华大餐的印戳，那必适得其反。

（2）**接地气**：不是所有餐厅都有孟醒那样的"轻奢"思维与大手笔，"外婆家"和"李家小馆"这样打温情牌也不错。因此，故事不必是久远到让人无以考证的传说，不必是惊天动地的神话，就是身边实实在在的情感故事也足以打动消费者。

（3）**抓重点**：故事不宜长篇大论，一个短小精悍的故事往往更有利于记忆和传播。所以，讲故事时一定要抓住重点，"李家小馆"的重点在于孝心，"外婆家"的重点在于"外婆"，雕爷牛腩的重点在于"500万元秘方"，再在这个点上不断做衍生和强化，让品牌与故事深度关联。

【鹤九三问】

（1）你的餐饮品牌是否有故事？

（2）餐厅的菜品（尤其是招牌菜）是否有故事？

（3）你的故事讲得够不够打动人？

第三节　打造令用户尖叫的"爆品"

"雕爷牛腩"有咖喱牛腩饭和金汤牛腩面,"食神"戴龙自称:"只有我的饭才称得上是'黯然销魂饭'。""西贝莜面村"有莜面鱼鱼、浇汁莜面等莜面系列菜品,"西贝"能开遍大江南北靠的不是羊肉,也不是牛肉,而是莜面等,这些就是餐饮老板眼中的招牌或拳头产品,是产品经理思维中的"爆品"。

如今,一个餐厅可以有千万种方法让品牌在互联网上火起来,也可以有多种方式诉说品牌文化,但是有一点千古不变,那就是持续的口碑依然要靠产品,且绝大部分的口碑都来自于那些"好吃到爆"的"爆品"。言外之意,餐厅要想长远发展,想让消费者甘之如饴地替品牌免费传播,得靠那些让人口齿留香、回味无穷的"爆品"。

一、无"爆品",不餐饮

所谓"爆品",是一个能引爆用户,让他们为之心跳、动情乃至疯狂尖叫的产品,运用到餐饮业就是常说的"招牌菜"、"拳头产品"。而"爆品"对餐厅的意义在于,一方面有利于仓库备货、厨房集中精力做好核心的几道"爆品";另一方面,消费者的关注点往往有限,有一两款"爆品",就足以重拳出击,打进食客的心里。

很多人对"黄太吉"的成名纳闷不已,街边、小铺里到处都是卖煎饼的,为何单单它卖出了名气,甚至让煎饼卖出了格调?仅仅靠互联网思维的互联网炒作?其实远远不够,很大一部分原因归结于它对煎饼的"爆品"打造。或许"黄太吉"卖的不止煎饼,外界评论所谓比一般煎饼尺寸大、分量大、做工考究的"煎饼果子"味道其实很一般,可这丝毫不影响用户一次又一次买单的热情。"黄太吉"从一开始就打出了"吃煎饼,喝豆腐脑,思考人生"的品牌主张,并始终在对外宣称其极致的"爆品"策略,以至于很多客人光顾"黄太吉",都是为了尝一尝煎饼的味道,"黄太吉=互联网煎饼"的逻辑已然深入人心!

在"西贝莜面村",即便抛开它的莜面系列,还是有很多菜品都堪称美味,诸如烤羊排、牛大骨、小锅牛肉等，每一款菜品都蕴含着西北地区原汁原味的美味哲学，那种浓烈的味道让人食欲大开。但是，它始终都宣传其"莜面"的招牌特色，甚至从命名上都将"莜面"作为其核心品类。基于此，消费者去"西贝莜面村"不点莜面系列餐点，简直就和没去过一样，这就是"爆品"的力量。

至于"雕爷牛腩"，"爆品"策略就更加显而易见了。或许"雕爷牛腩"里卖的产品并不少，有故事、值得品尝的菜品也不止一道，但不得不承认，大部分人来到"雕爷牛腩"，首点之菜必定是"咖喱牛腩饭"和"金汤牛腩面"。

二、"爆品"于餐厅的意义在哪

1. "爆品"能减少顾客的选择成本

有这样一个心理学实验。

研究人员摆出一系列昂贵的果酱，并向消费者提供试吃机会，同时发给每个人一张折扣券，让他们可以以低于市场的价格买到果酱。

实验分为2组，一组有6款果酱，另一组有24款果酱，全部都可以任意购买。

最后研究者发现，在提供6款果酱的组中，有30%的试吃消费者选择了购买；而在提供24款果酱的组中，只有3%的人最终选择了购买。

果酱实验	
A组实验： 6种果酱，提供折扣和免费试吃。	B组实验： 24种果酱，提供折扣和免费试吃。
结果： 30%的人最终购买了果酱。	结果： 3%的人最终购买了果酱。

为什么呢？

因为更少的选择意味着更低的决策成本。在6款果酱的实验组中，消费者只需要比较6种口味并迅速通过排除法就可以做出判断，决定自己究竟买哪一种。但是在24款果酱的组中，消费者总想"下一款是不是比这一款好一点？"

总想做出"最优决定",结果在比较完24款果酱之前,他们就消耗了大量的精力。最后出于节约精力的需要,他们索性放弃了购买。

对这些消费者来说,费力做决定的痛苦已经超过了购物所能买到的"好心情"。而且,选项太多反而让最后那个被选中的商品魅力大减——我们总在想"没选上的那一款是不是更好一些?",这让我们越来越怀疑自己的决定,甚至最后退货了事。

通过以上案例,我们可以清晰地认识到,"爆品"对于餐厅的最大意义在于减少了消费者的选择成本,让消费者在选择餐厅菜品的时候,有一个非常明确的目标,以免在犹豫中最终放弃购买。

2."爆品"是品牌的传播利器

无论是莜面之于"西贝莜面村",还是煎饼之于"黄太吉",抑或是秘制烤羊排之于"木屋烧烤","爆品"之于餐饮发展的意义更是表露无遗。那是一种在口中爆炸、心中尖叫的味道,刺激着食客的味蕾;是一种让人食之不忘、欲罢不能的美食魔力;是一种既有料、又有味的传播素材,让食客为你代言,甘之如饴,心甘情愿。所以,它也是餐厅吸引忠实粉丝的不二法宝。

举个简单的例子,如今朋友聚餐吃饭,在一起挑选地点时,人们大多会说,某家的菠萝饭很好吃,某家的涮毛肚让人流口水,某家的炖肉香而不腻等。人们在讨论餐厅饭店时,总是习惯于后缀一些特色美味的餐品,也正是这些"爆品",让传播更具价值。就如你听到哪家火锅店的涮毛肚很好吃,或许立即就会在脑中浮现在红油底汤里,毛肚上下翻滚几下,热腾腾地捞出放进料碗,再带着麻辣、鲜香、爽脆的味道进入口中的情形。再如,你听说"木屋烧烤"很好吃,却不如有朋友告诉你,"木屋烧烤"的秘制羊排那简直是绝味,因为你脑补的羊排滋滋泛着油光,各种秘料香味充盈其中,那画面,让你恨不得立即冲进去大吃一场。而这些,也正是"爆品"所延伸出来的传播意义。

3."爆品"能留住回头客

此外,餐厅的回头客,也大多因"爆品"而产生,就如我们就是奔着"雕爷牛腩"家的咖喱牛腩饭、"西贝莜面村"的莜面鱼鱼、"木屋烧烤"的秘制烤羊排而再次光顾这些餐厅一样,是餐厅的"爆品"让用户念念不忘,多次光顾并乐于推荐给朋友。

三、餐厅该如何打造"爆品"

既然"爆品"于餐饮有着不可或缺的重要性,餐饮企业又该如何打造"爆品"？我们不妨先在它们的核心特征中寻找路径。通常爆品应该具备以下几个特征：

1. 要小而美

"爆品"不需要很多,一款到几款足矣。哪怕只有一款招牌菜,只要足够惊艳,那也胜过有数十款不出彩的菜单组合。例如,凉茶品牌"王老吉"在初期所有的推广渠道,都全力打造 310mL 的红罐凉茶,而不销售大瓶和中瓶包装；可口可乐在早期打造的弧形瓶装可乐,让人印象深刻,使得可口可乐在相当长的时间内都没有再推出其他规格产品,这些都是"爆品"小而美的体现。

2. 要差异点

"爆品"要让消费者容易记住,并与其他菜品形成明显差异,必须具备一定的独特性,力求"人无我有,人有我优,人优我异",不断挖掘产品的独特卖点,并形成可视化的图文,不断向消费者进行强化教育。例如,"雕爷牛腩"的"咖喱牛腩饭"首先通过"食神"秘方为菜品增加名人属性,再通过咖喱制作上的极致考究,充分塑造出产品的独特差异性。

3. 要好吃

"爆品"回归到本质是菜品,所以"好吃"是前提。无论是"雕爷牛腩"的"咖喱牛腩饭",还是"西贝莜面村"的莜面,抑或是"木屋烧烤"家的秘制烧烤,如果不是因为它们真的好吃,终究敌不过消费者味蕾的优胜劣汰。

4. 要有故事

人都有爱听故事的天性,打造极致爆品很需要借助故事的力量。例如,"雕爷牛腩"的"咖喱牛腩饭"和"金汤牛腩面"不仅是一碗好吃的菜品,更是一个有故事的美食,其背后隐藏的是人们所熟知的"食神"戴龙秘制配方,周星驰、李嘉诚等明星富商的私家美味等。这些都成为消费者用餐时及用餐后的消遣谈资,无形中就被传播出去。

5. 要吻合品牌定位

不管是经久不衰的经典"爆品",还是新推出的创新"爆品",在一开始选择或设定时,就要吻合品牌定位,承载品牌文化,用以提升品牌势能,助推品牌发展,而不能违背品牌发展主线,这是"爆品"的特征,更是"爆品"的使命。

【鹤九三问】

(1) 你的餐厅是否有"爆品"?

(2) 若没有"爆品",餐厅未来将以哪道菜作为"爆品"去打造?

(3) 餐厅的"爆品"是否具备以上5个特征?

第四节　专注单品，将一个品类做到极致

互联网时代，信息呈现碎片化、更新频繁、传播速度快等特征，大量的信息通过媒体、微博、微信等各种渠道传递给用户，没有价值、印象模糊、缺乏记忆点的信息，终究会被用户直接过滤。而受用户关注的，往往不是那些大而全的信息，而是一些个性鲜明、有价值、小而美的事物。

基于这样的传播环境，加之"单品策略"具备识别性强、易标准化、易复制等优势，在品牌传播和市场拓展上更好切入，往往更容易在同质化的餐饮市场中脱颖而出。正因为如此，近几年单品项目一直备受餐饮投资者青睐。

一、看看别人家的餐厅怎么玩单品

如今，将一个品类做到极致，用单品策略撬动市场的餐饮品牌并不少，就如大家所熟知的"蚝门九式"、"探鱼"、"乐凯撒榴莲比萨"、"西少爷肉夹馍"、"叫个鸭子"等，他们的品类单纯到近乎"单调"，却以"精"见长，因而能在竞争近乎惨烈的市场中获得一席之地。

1. 蚝门九式：全国首家蚝主题餐厅

痴迷生蚝，钻研16年的"蚝爷"（原名陈汉宗），2001年独创全国首家蚝主题餐厅——"蚝门九式"，曾被央视等多家媒体报道，吸引了全国各地的吃蚝、学蚝者慕名而来，在餐饮界享有盛誉。

"蚝爷"打破生蚝常规的"碳烤"吃法，重新定义了蚝的消费场景和价值，将生蚝从街边大排档搬到正餐餐桌上，并将"吃蚝"这件事上升到蚝文化的传播。他独创的"蚝门九式"系列菜式，可以说是生蚝美食长廊，品种超过30种，有大众价位的"姜葱焖生蚝"、"咸菜猪手蚝"、"芥末炒蚝"等，也有高端价位的"秘浸金蚝"、"生煎

金蚝"、"蚝鲍相会"等。凭借"蚝门九式","蚝爷"征服了诸多食客的胃，并拿下餐饮界众多奖项，包括第十届中国美食节"金鼎奖"、首届南都美食周刊《深圳味道》"最佳食材奖"、第三届深圳餐饮风云榜"十大招牌菜"……

除了蚝菜式，"蚝爷"还在2008年开创了蚝配酒的时尚吃法。"蚝爷"与在香港享有"酒神"美誉的黄雅历先生相遇，迸发出"蚝门九式+酒六款"的创意，从此生蚝与葡萄酒成了绝配。

众所周知，生蚝并不是全年都可以吃到的美食，为了满足食客的需求，"蚝爷"还研发出了"金蚝"，并始终坚持古法生晒，哪怕需要付出比晒熟多出数倍的时间和成本。"蚝爷"的"金蚝"分两种，一种是"风干金蚝"，生蚝捕捞、开壳、取肉后，风干十几个小时；另一种是足足生晒十几天的"足干金蚝"。"秘浸金蚝"、"生煎金蚝"等高端价位生蚝一只甚至可以卖到100元。

此外，为了保证蚝的品质，蚝爷对生蚝原材料有着严格的把控，始终坚持新鲜生蚝捕捞当天统一从汕尾运到餐厅，酱料统一生产配送；生蚝从清洗到处理、保存、包装、烹调一条龙都由专业的人员负责；每位上岗的厨师都必须经过两年以上的培训，确保菜式品质的一致。

"蚝爷"这样介绍自己："研蚝十载，初以菜刀开蚝、问蚝、识蚝、吃蚝、玩蚝、找蚝、看蚝、撬蚝、叹蚝、赏蚝、讲蚝！蚝为何物！蚝痴、蚝王、蚝哥、蚝爷、又被蚝皇，拜上功名。"看似简短的一句话，当中却凝聚了他难能可贵的专注与匠心。蚝爷认为，专心最重要，只有专注于其中，积累够了，才有可能发生质的变化。由此看来，在普通店里卖几块钱一个的生蚝，在蚝爷这里且能卖到100元一个，也就不足为奇了。

2. 探鱼——最文艺范的炭火烤鱼

"探鱼"，被称为2014、2015年度的餐饮界新贵。在短短的两年时间里，它凭借"文艺范炭火烤鱼"迅速从深圳扩张至全国多个城市，目前在成都、佛山、上海、哈尔滨、西安等地均有门店。

这个被众多文艺青年、白领等年轻群体推崇的"文艺范烤鱼店"，在烤鱼这个单品上做出了学问。在传统烤鱼秘方的基础上，"探鱼"结合现代人口味喜好，探寻出175℃无烟无火高温烤制方法，拒绝油炸，并针对不同品种的鱼，测试出它们的最佳烧制温度和烤制时间，将鱼的水分瞬间锁住，从而成就了烤鱼非比寻常的"嫩"。

为了迎合不同的消费者口味，"探鱼"提供了18种口味来满足顾客的挑剔，其中原创单品"重庆豆花烤鱼"最为出色，采用的是清江鱼，融合了腌、烤、堂烧、涮等多种烹饪技法，其鱼鲜嫩糯软、香浓麻辣。

此外，为了确保口味的正宗，探鱼对原材料的采购极为考究，"重庆豆花烤鱼"的皱皮辣椒来自贵州，鲜青椒味的青花椒来自重庆，麻辣味的花椒和泡椒味的灯笼椒来自四川，冬阴功的香料来自泰国，其中单单一个辣味便优选了50多种辣椒和调料分别复配而成。最后，再添上烧旺的炭火，让炭火烤鱼在"滋滋滋"的鲜香中，俘虏一大批消费者的芳心。

二、单品优势：三大特点，让品牌更易连锁

通过分析对比，我们不难发现：单品餐饮的产品质量往往比多品餐饮的产品更佳，单品餐饮的连锁规模也会比多品餐饮的要大，且开店的成功率更高，主要是因为单品策略具有以下三点优势：

（1）进入门槛低。单品的制作工艺相对简单，普通人通过一段时间的集中学习都能掌握。例如伏牛堂，一个北大硕士生做的米粉为什么能"正宗"？之前并没有大厨的手艺，完全凭借一股对湖南牛肉粉的热情，以及湖南人"霸蛮"劲，历经多次考察、拜师学艺、苦心研究后才掌握正宗湖南牛肉粉的"诀窍"，最终也没请什么大厨就把米粉店开起来了，而且口味胜过很多做牛肉粉的同行。因此，相较于做综合型餐饮，单品策略显然门槛会低很多。

（2）易标准化，可复制。单品类相对多品类，食材的采购会简单许多，产品中心对单个菜品的研发与实践也会更频繁。一方面，厨房人员在反复实践过程中对菜品的色、香、味、型等各方面的把控会更精准，产品标准化体系更容易建立；另一方面，由于产品容易标准化，餐厅的可复制性很强，后续在品牌的连锁扩张、中央加工体系建立等方面更具优势。

（3）单品聚焦，更利于传播。品牌传播遵循"声音一致，单点聚焦"的原则，单品餐厅在传播过程中，具备先天"聚焦"优势。通常单品餐厅的品牌定位与品类具有强关联性，也就是营销里常说的"品类定位"。比如"王老吉"开创了"降火凉茶"新品类，传播塑造过程中，就很容易让消费者形成"降火饮料＝王老吉"的品牌印象。同理，单品餐厅的传播一样能在消费者心中形成品类占位，迅速建立品牌在品类里的领先者形象。

当然，或许有人会质疑单品策略会不会显得过于单调，不足以满足"吃货"的全面需求。这也是单品餐饮的一个劣势，在单品餐厅里，注定吃不到"满汉全席"。但这也是单品餐厅的"舍得"策略，正因为舍弃了某些产品，所以得到了更多的认同！试想，来"探鱼"餐厅都是冲着烤鱼来的，谁还会在意有没有冰淇淋、小蛋糕等餐后甜点呢？

三、做单品：横向与纵向衍生出极致的美味哲学

其实，单品并不意味着单调，单品类餐厅一样可以做出丰富的花样来，如蚝爷有"蚝门九式"，"探鱼"火锅也有重庆豆花味、麻辣味、泡椒味、番茄炒蛋味等18种口味可供选择。因此，既然无法从品类上给用户多选择，那就在品类的深度上满足客户，那么餐饮企业究竟该如何开展单品策略呢？

（1）找品类。做单品餐饮，首先要找到一个合适的品类，根据市场情况和个人实际情况，瞄准一个有一定消费需求且竞争对手相对少的品类切入。这里我们可以借助大数据手段，对整个餐饮的市场格局、用户消费数据、单品的市场占比等做一个系统了解。同时，在区域范围进行系统的调研，了解周边餐饮的业态、商圈、人群分类等，基于多维度分析最终确定要做的单品品类。

（2）横向衍生：基于同品类食材，在做法上进行创新。例如"蚝门九式"餐厅，横向衍生了"蚝门九式"9种不同的吃法。如要开一家"豆腐"主题餐馆，基于豆腐品类，可以横向衍生出香煎豆腐、麻婆豆腐、鱼煮豆腐等众多菜品。

（3）纵向衍生：基于食材的深加工进行产品创新，类似一个"鱼主题"餐厅，消费者除了能吃到各种鱼的各种吃法外，还可见到各种纵向衍生品，如鱼豆腐、鱼丸等相关菜品。如"蚝爷"纵向开发了"金蚝罐头"、"金蚝腊味"等产品，"伏牛堂"纵向衍生了"霸蛮红烧牛肉粉"，并借助互联网平台展开了电商的尝试。

【鹤九三问】

（1）对于单品餐厅，是否有将单品挖掘到极致？

（2）是否发挥单品的优势，打造单品类里的强势品牌？

（3）面对市场多样化需求，你是否动摇了做单品的决心？

第三章

大数据思维：数据说话既"精"又"准"

互联网技术的一大高明之处就在于其"全面、系统、科学、快速"的数据处理能力，以往采用传统的科学调研方法，几十个研究人员花一个月时间统计分析出来的数据，未必比互联网大数据技术一秒钟分析出来的结果精准。互联时代，餐厅的每次交易记录、每个用户的资料、订单情况等都形成了一个庞大的数据库，餐饮企业若能充分意识到大数据的重要性，并能灵活运用到餐厅经营中来，效果必将显著。

第一节 数据变现，大数据到底能做些什么

大数据，官方解释它是一种信息资产，指无法在可承受的时间范围内借助软件工具进行捕捉、管理和处理的数据集合。通俗来讲，它是传统数据库难以处理的大量且多样化的数据，有着数据容量巨大（Volume）、数据增长速度及处理速度快（Velocity）、数据类型多样化发展（Variety）的"3V"特点。

牛津大学教授维克托·迈尔-舍恩伯格称大数据是一场革命，将会对各行各业产生深远的影响。对于餐厅，大数据的威力在于它可以将消费者的消费行为习惯、用户喜好等转化为一眼通透的数据显示，有助于餐厅更加精准地把握市场走向。

大数据时代，一方面，消费者看数据选择餐厅，另一方面餐厅也在多方面借助大数据指导经营。例如，我们在某个订餐平台订购了某个餐厅的外卖，在其后的一段时间里再访问时，平台就会从海量商品中为我们"挑选出"一些同类型相关的菜品，这种有着明显导向性的推介，即是大数据分析用户的消费喜好后智能匹配的结果。

一、从"为什么"到"是什么"的思维蜕变

在大数据时代来临之前，人们的数据分析还停留在人工样品采集、数据分析等方式，取有一定时间、区间跨度的样品进行集中分析，再根据样品分析数据统计结果推断出结论，这就是一个反复疑问、推敲的过程，但最终推断结果的客观性却略显不足。

举个简单的例子，要确定一间餐厅在某一时间段的平均客流量，就需要在周末、工作日、节假日、活动日等各种时间段去蹲点数人头，这是一个工作量巨大且枯燥无味的差事。但当餐厅统计完各种数据、分析出结论时却又发现，人流与季节也密切相关，不同季节的人流量相差甚大。所以，由于传统人工采集分析数据的局限性，针对短时间、小区间范围的小规模数据尚且无法做到客观全面，对于长时间、大空间范围的大规模数据来讲，就更谈不上精准二字了。

大数据则不然，它通过互联网技术手段，能实时收集各类信息，哪怕很容易被人遗漏的边角信息也会被统计出来。例如阿里巴巴旗下各大电商平台，只要用户在平台上产生过购买行为，哪怕是浏览过某个产品网页，都会被平台记录，这样用户的购买时间、消费记录、喜好兴趣、行为轨迹等信息会形成一个非常庞大的数据库。通过这些大数据，阿里就可以很精准地制作出一幅非常完整的"用户电商消费图谱"，能精准地描述各个年龄层次的消费习惯、各个行业的关注热度及不同类别产品的受欢迎程度等，从而为更多电商从业者提供客观的参考依据。

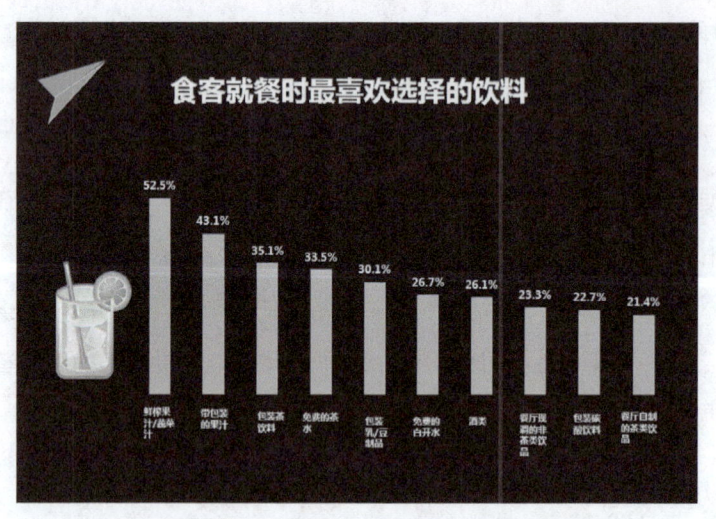

食客就餐时最喜欢选择的饮料

饮料类别	比例
鲜榨果汁/蔬果	52.5%
带包装的鲜汁	43.1%
包装茶饮料	35.1%
免费的茶水	33.5%
包装乳豆浆	30.1%
免费的白开水	26.7%
酒类	26.1%
餐厅现做的茶类饮	23.3%
包装碳酸饮料	22.7%
餐厅自制果类饮品	21.4%

数据来源：辰智大数据《中国消费族谱餐饮特篇》

在2016年，上海辰智大数据与上海交大继续学院联合公布了《中国消费族谱餐饮特篇》，报告选取了北京、天津、上海、深圳、广州、成都、重庆、武汉、沈阳、济南、青岛、福州、厦门、西安、郑州共15个整体购买力较强的城市作为数据分析对象，覆盖了华北、西南、华南、华东、东北5个区域。他们希望通过系统全面的数据分析，为餐饮行业发展做出指导。报告数据（如上图所示）显示，食客外出就餐时最常点果汁，特别是现榨的果汁/蔬菜汁，占比在52.5%；此外，包装茶饮料、免费茶水、包装乳/豆制品也是食客点选较多的饮品；而食客最少点的饮料包括餐厅现调饮料、包装碳酸饮料、餐厅特制饮料，占比都不超过25%。所以当餐厅准备推出夏季饮品时，利用这些数据就能清楚地知道食客的喜好，再去选择饮品类型，自然会更容易被市场接受。

二、将数据真正导向价值 效率的提升是关键

京东商城相关负责人曾表示，大数据仅在京东物流方面的应用，每年就可以为其减少至少20%的运输损耗。根据对用户数据的分析，他们能够预测核心城市各片区的主流单品的销量需求，提前在各个地区物流分站预先发货，客户下单后会在2小时左右的时间享受到令人惊喜的物流服务。京东一直在积极地进行数据个性化研究，通过这种个性化的分析和服务来激发一些潜在需求。因此，无论是节约成本，还是锁定需求提高效益，大数据变现在今天早已不是什么新鲜话题。

那么，对于餐饮业，大数据究竟能为我们做些什么？

（1）选址定位：选址不仅是对店面人流量的分析，还有消费人群属性、周边商圈状况、市场竞争格局等因素，通过大数据系统的分析，能避免选址和定位失误带来的损失。

（2）锁定客户需求：利用大数据了解顾客真实需求及喜好，可减少不必要的成本支出，提供客户最喜欢的产品。

（3）精准营销：锁定目标客户，并根据客户的消费喜好制订相应的营销策略，提高营销效率，节省人物力成本。

（4）经营决策：不管是当前经营，还是长远的战略规划，大数据都能从市场格局、产品、消费者、营销等各个维度提供全面的数据支持，让决策更加科学精准。

商业经营的本质就是一场效益的较量，降低成本、提高工作效率、锁定客户需求、创造利润空间等，这些恰巧正是大数据价值的体现。因此，善用各种互联

网大数据，能提高餐饮企业的经营效率和市场竞争力。

三、小生意大数据　数据分析没有大小企业之分

大数据应用专家辰智总裁葛建辉先生曾在一次演讲中全新阐述了人、货、场的数据逻辑，指出每一家店都有它的大数据，无论大小。葛建辉用"谁是我的客户，顾客什么时候来购物，如何更加有效地接触客户，顾客忠诚计划的效果如何评估"等阐述了"一家店的大数据"，以及数据到底可以为实体商业做一些什么。

业内人士认为，有了大数据，世上没有难做的生意，即便再小的生意也需要大数据的支撑。因为在大数据的运营理念里，所有商业行为，哪怕只有简单的买进卖出，都会有数据产生，而大数据会告诉商家有哪些人买了你的商品、哪些人不止一次地买了你的商品、你家什么商品最好卖、在什么时间最好卖等，这些会引领商家做出更好的经营决策。举个例子，哪怕是一个卖茶叶蛋的个体户，大数据也会告诉他在哪个地方最好卖，什么口味的更受欢迎，需不需要搭配点豆浆、油条之类的一起卖，从而让经营效率更高。

总之，大数据之于餐饮业，既可以是对当下经营状况的分析总结，也可以是对未来发展动向的预测；既可以为大型餐饮品牌所用，也可以为小型企业甚至个体户提供参考。未来大数据的应用程度将直接关系到餐饮企业发展迭代速度，谁掌握了大数据，谁就有可能在激烈的市场竞争中胜出。

【鹤九三问】

（1）您的餐厅有运用到大数据吗？

（2）如果有，在哪些方面有运用到大数据？

（3）是仅仅将大数据作为一个营销工具来运用，还是上升到企业战略层面？

第二节　利用大数据进行市场定位和选址

从店前的人流量到店内的客流量，从顾客的举手投足到厨师的掂勺出菜，从餐桌点餐到前台结账，每天餐饮企业都在产生着大量的数据；从商圈论到选址说，从竞争格局到市场定位，从菜单制订到服务模式设计等，餐饮企业时刻需要各种数据的支撑。很显然，大数据已经成为众多餐饮企业经营的利器，潜移默化地改变着当今餐饮业的市场格局。

餐饮界有一个普遍的认知，决定一个餐厅成败与否有三个关键点，分别是市场定位、选址和产品。其中前两个关键点与大数据密不可分，要选对一个空间足够大的市场，选准一个潜在客流量集中的位置，若缺乏大数据的客观支持，就犹如"盲人摸象"，很难精准地切入市场。

一、从前期定位开始，大数据已经与你形影不离

品牌是一种识别符号、一种精神印记、一种高品质的代名词，它能让消费者在短时间内对产品产生认同感，并形成差异化的品牌印象。

以"雕爷牛腩"为例，它以150元的人均消费将自己定位于轻奢餐的领域，并基于此开启了一系列的"轻奢计划"，500万元买断食神牛腩秘方，邀请明星大号玩封测造势，力证这是一家明星大咖"私趴"（私人聚会）的常去地；考究的空间设计、定制的厨具餐具，带出用餐的"仪式感"，这些都在无形中为餐厅打上了明显的"轻奢"标签，并不断吸引着认同轻奢文化的消费者前来用餐。

很显然，成功的品牌运营离不开精准的市场定位。餐厅是准备主打家常菜，还是准备进驻轻奢餐？是准备打造快乐餐厅文化，还是酷帅的个性标签？这些都可以利用大数据找到答案。

1. 了解市场架构，预测市场潜力

市场定位不是凭空想象出来的，而是一场有计划、有目标且会跟随餐饮企业发展始终的系统工程。在市场定位前，餐饮企业必须了解整个市场构架，餐厅面对的市场竞争对手有哪些？面向的核心消费人群是哪些？整个市场容量如何？而

这些，都可以利用科学系统的大数据来收集、管理、分析得出。

例如，孟醒利用过往互联网经历积累下来的数据分析得出，中产阶级将成为未来消费的主力，符合中产阶级体验的餐厅也一定具有较大的市场潜力，从而确定了"雕爷牛腩"的"轻奢"路线。因此，若想做"雕爷牛腩"式的轻奢餐，必须慎选三四线城市，一二线城市才是它的主场。

2. 打造个性化与差异化

市场定位的核心是根据市场现有竞争对手品牌定位情况，分析用户未被满足的关键需求点，并以此为切入点向消费者诉求，形成独特的品牌印记。

据中国产业信息网数据统计，2014年我国比萨餐厅市场规模约125亿元，百胜占有超过50%的市场份额，国外品牌"达美乐"、"约翰棒"以及国内比萨品牌共同分割剩下50%市场份额。面对市场被国外品牌主导的局面，国内品牌层出不穷，都试图在竞争日趋激烈的市场中突围，但鲜有胜出者。

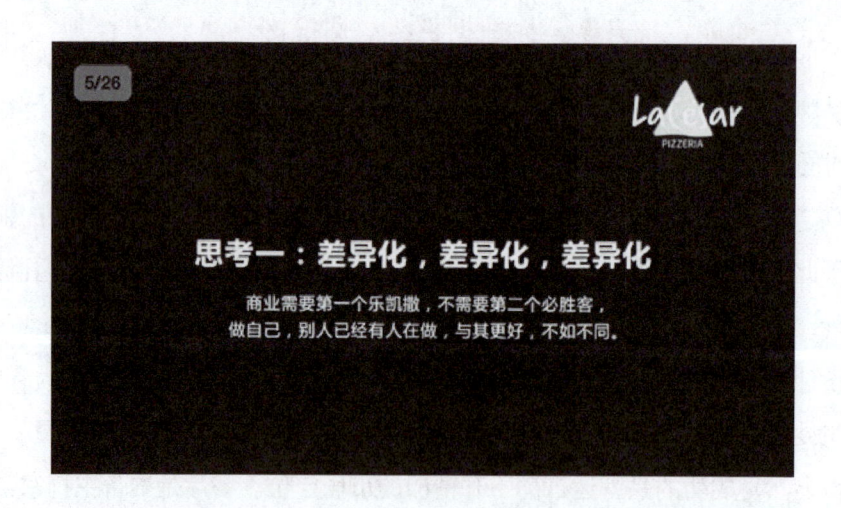

然而，国内比萨品牌"乐凯撒"却走出了一条新路。"乐凯撒"通过不断创新产品，寻找差异化突破口，在陆续推出了红烧土豆比萨、果木熏麻辣等中国口味后，一次意外的尝试，首创了"榴莲比萨"新品类，并一炮走红成为"招牌"，逐步树立了在榴莲比萨细分领域的领导者地位。用"乐凯撒"创始人陈宁的话讲："市场需要第一个'乐凯撒'，但是不需要第二个'必胜客'！做自己，别人已经有人在做了，与其更好，不如不同。"而通过大数据对市场竞争格局和消费者需求的精准把控，是找准市场差异点的有力保障。

3. 了解消费习惯，贴近消费心声

餐厅想要在一座城一条街闯出一条生路，必须有足够多的消费者支撑，尤其需要忠实老顾客的支持。所以，在开店之初，在定位之时，对目标消费者做系统全面的了解非常有必要。这个时候，可以选择与各类大数据供应商合作，调取相关区域消费者数据，全面了解周边消费人群的经济水平、饮食习惯及能接受的客单价等，从而使前期市场定位更加精准，也为下一步的精准营销奠定基础。

例如，"木屋烧烤"致力于打造中式第三生活空间，为消费者提供中式烧烤、爽口啤酒的同时，打造一个自然欢快的聚会环境。但他除传统门店之外，还推出了户外烧烤、移动烧烤与淘宝网店，因为通过对用户数据的分析，他们发现都市年轻人对户外烧烤的个性需求日趋迫切，手机下单、淘宝购物几乎已成为日常习惯，由此推出相关服务，是为了更好地锁定年轻消费群体。

总之，通过大数据技术，不仅能掌握庞大的数据信息，且能对这些富有意义的数据进行专业化处理，总结出一套有规律的客观结论。透过这些结论，餐饮企业能对市场形势、竞争格局、消费者及产品供需等信息做出系统全面的了解，从而为市场定位提供客观依据。

二、大数据选址，星巴克的"钻石"店面是这样定下来的

餐厅开店，选址是头等大事，选错店址的损失极大，不仅会浪费大量的开店资金和时间，还会错失一些关键的发展契机。比如，一家烧烤店一旦选错了店址，浪费金钱时间不说，若错过了整个夏天的旺季，也就相当于错过了一整年的生意。综观国内外餐饮品牌，星巴克的选址成功率极高，很大程度上得益于大数据技术的巧妙运用。

大数据选址成为星巴克进军陌生城市的第一步

星巴克，这个在餐饮领域将科技运用到极致的品牌，早已将大数据应用到运营的各个环节，从新店选址到换季菜单均可见到大数据的身影。毋庸置疑，大数据已成为星巴克成功哲学里的秘密武器。

当初星巴克进驻南京时，经过大数据的筛选之后，有两个位置历经层层选拔脱颖而出，成为备选地点。一个位于南京市的新街口商圈，附近的四五家大型商场决定了它的超高人气。其中，经营高档商品的大型商场——东方商厦更是与星巴克的消费人群"不谋而合"，其消费层次基本处于同一个水平线上，并且他们的消费水平相对稳定。另一个与之竞争的地点位于南京市的北极阁地区，这里是省市政府机关的工作区域，意味着有收入稳定的公务员作为基础消费人群。同时，这里环境安静优美，最适合当下年轻人寻找小资情调，抒发浪漫情怀。另外，非常重要的一点是此处有地铁正在修建中，稳定的公务员消费以及未来可能因地铁开通而激增的人气为这处地点加分不少。

一个位于成熟的商圈，有着充足的人流以及贴近星巴克定位的消费人群；另一个具有一定的潜力，未来可能具有无限发展可能性，星巴克一时之间有些摇摆不定。而最终，星巴克对两个地区的流动人群进行调查，包括穿着、男女比例、年龄考量因素等被以数据化的形式呈现出来后，决定将第一家门店开在东方商厦，随即又在北极阁地区开设了第二家连锁店。因为，星巴克认为："星巴克更多是一个偏向于女性化的咖啡店。"更精细的数据帮助星巴克决定了第一家店的地址。

很多时候，餐饮老板在选址时，都会面临这样的选择：是倾向于稳定成熟的商业环境，还是更倾向于以后的发展？通常大数据会告诉老板哪里有成熟的商圈、哪里有处于增长期的潜力股。仔细研究下来，大数据已经很明确地给出选址的最佳选择了。

1. 大数据里的成熟商圈：锁定目标人群

综观星巴克的选址规律，一般首选商场林立、办公楼密集，或是有着高档住宅区的地方，这类位置往往人气集中且稳定，人流量较大且具备一定的停留时间，在这里开设餐厅相对稳妥。这也就是我们常说的"人气为王"理论，有人才会有消费。

但是与此同时，还要把生意做进"目标"人群里。举个简单例子，如果把一家烧烤店开在广场舞大妈、太极拳大爷的聚集地，人气就不一定能带来消费，同时也不要妄想大妈大爷们会带着儿女来消费，概率太低。又或者，如果把高档咖啡厅开进北京的农批市场，那也是自寻死路。所以，从一开始，餐厅就应该像星巴克一样，紧锁自己的目标人群。星巴克通过 Atlas 系统，利用 GIS 的信息叠加功能，对商圈周边的人口、人流、竞争、交通、商业等信息进行综合分析，最终帮助决策。虽然在成熟的商圈里开店，初始的租金等成本会相对较高，但更高的收益还是让它成为首选之地。

2. 大数据里的"潜力股"：发展的眼光看世界

除了成熟商圈，有时候星巴克也会选一些"人气凋零"的地点，这是出于整体市场布局、长期规划的考虑。星巴克在选址上主张以发展的眼光看世界，也就是说现在不行不代表将来不行。最典型的例子就是星巴克北京丰联广场店，最初开业时由于所处地区人气不高而承受了巨大的经营压力。但随着周围写字楼的入驻率不断提高，以及政府对于这一地区的持续改造，使得星巴克北京丰联广场店的销售额如今在北京市场名列前茅。

因此，用发展的眼光和科学的数据选择一个潜力十足的宝地，也不失为一种科学的选址策略。通常这样的店面前期租金一定不会太高，但这样的地点需要"养"，需要有一定的资金实力作为支撑。星巴克能够"咬牙"坚持下来，是因为背后有集团财力、物力、人力等各方面的支持。但如果是缺少这些支持的个体餐饮企业，还需要慎重考虑。

如今是信息碎片化时代，数据整合与分析早已不需要庞大的人工处理，交给一些智能大数据公司即可。类似辰智大数据，能利用软件平台迅速获取竞争店铺分布数量、消费者特征、人流量等有关选址的关键信息，一方面可降低开展线下市场调研的人力、物力和时间成本，提高选址的效率；另一方面大数据的全面性、系统性、精准性等优势，避免了传统数据收集存在的样本量不足、时间滞后和准确度低等问题，更有利于餐饮企业做出精准、科学的市场定位。

【鹤九二问】

（1）关于餐厅的市场定位，您是否用到大数据工具？

（2）关于餐厅选址，您是否用到大数据工具？

第三节 让产品数据决定菜品的去与留

一家餐厅的菜单就如同一个江湖，所有的菜品在这个江湖里扭打厮杀、优胜劣汰，最终有的菜品荣登霸主地位，成为店里的"招牌"，在江湖上享有盛名，经久不衰，有的菜品自始至终籍籍无名，最终销声匿迹。

是的，成功餐厅里的菜单向来不是一成不变的，它需要紧跟时代、紧跟消费者的口味需求、紧跟季节轮回转变。细心的老顾客总能在菜单里发现一些规律，比如那道"最好吃"的菜已经上了推荐榜单，反之上次吃的那道拉低整桌菜品口味的菜已经不见了踪影，随着时令一变，又有一些新菜在菜单的显眼位置向用户招手。

对于菜品的去与留，过去大部分餐厅可能以初始的菜品点单率作为依据，甚至连数据都没有，全凭感觉，最终造成不少"冤假错案"。如今，大数据时代，菜品的"去留"都由客观数据来做决定。

一、老菜与新菜的情恨纠葛，谁来决定它们的命运

几乎每一家餐厅都会面对同一个问题：如何更新产品？再好吃的馆子也偶尔会有几道所谓不好吃的菜，把那些"不好吃"的菜端下餐桌，再推出一些顾客可能认为"好吃"的菜，几乎是每一家餐厅都在反反复复做的事情。

对于消费者而言，在一家餐厅里挑出几道不好吃的菜只需要一顿饭的工夫；对于餐厅来讲，众口难调，可能某道曾经被一位顾客点名批评的菜，也受到过一些顾客的特意表扬。所以，决定一道菜品的去留并非易事，反复斟酌，让很多餐厅难以取舍。"好吃"与"不好吃"之间怎么界定？又该以什么作为取舍标准？这些都是大学问。

很显然，在大数据时代，已经不需要拿着纸质菜单去核对菜品的销量，也不需要根据原材料的消耗推算顾客对于某一菜品的喜恶，只需要通过IT系统调出相关菜品的数据，究竟哪道菜好或不好，一切都一目了然。那么，产品数据会给企业带来哪些信息？

（1）综合菜品点击率，直观地显示每一道菜品的受欢迎程度。

（2）特定时间段的菜品点击率，为季节转换或特定节日等的菜单更新和原材料采购提供参考。

（3）针对某一道菜品某一段时间内的销售记录，对同时期原材料进行成本核算，得出更加精准的利润率，以便从销量、利润率、利润等多层面考虑菜品的去留。

诚然，每个餐饮企业内部的产品数据都能为餐厅现有菜品的去留提供参考依据，但若能借助大数据技术，还能为餐厅新品的推出做科学的预测，比如今年夏天可能会流行什么菜品、哪个餐厅推出了什么新品等。

例如，美国知名连锁餐厅Kraft总能先人一步推出新菜，主要原因就在于美国芝加哥新创公司Food Genius的那张利用大数据技术收集的全美各地餐厅的菜单。在2014年就已经拥有11万份独立菜单和1630万道菜式的Food Genius公司，能让餐厅随时了解流行菜单、食材更替、菜式平均价等与食物相关的关键信息。基于这样精准的数据清单，Kraft总能把握餐饮界的精准动向，适时推出新品，紧紧锁住食客的味蕾。

二、各种智能POS点菜系统，会为商户呈现怎样的数据

既然产品大数据对餐厅如此重要，那么，数据又从哪里来呢？当下流行的智能POS点餐系统，凭借方便快捷、低成本、无缝对接线上下单支付与线下餐饮管理等优势，且能收集餐厅支付、营销与第三方平台数据，而越来越受餐饮老板青睐。

1. 支付数据

支付数据，就是顾客在店里通过POS机支付之后留下的数据，包括消费者的点餐品类、客单价等信息。通过这些信息，一方面，餐厅可以非常清楚各个品类的点击率，从而为产品策略调整提供依据；另一方面，也可以了解每位消费者的消费力、喜好、消费频次等信息，为后续的精准营销做铺垫。

2. 营销数据

智能POS系统通常会为餐厅提供多种营销方式，而所有营销渠道上的数据信息都会被后台记录，进而为商家优化营销方式提供有力的依据。

例如，餐厅设置并发放了线上的现金券、优惠券、会员卡，那么从后台就可以获得优惠券和会员卡在各个时段的派发量、核销率等信息，以此估算营销效果

并进行实时调整；又如餐厅设置了微页营销、游戏营销，也可以从后台获知微页、游戏的浏览数、分享数、优惠券派发数量，并据此优化在线营销方案。

3. 第三方平台数据

目前，大多数餐厅都会加入团购、外卖等第三方平台，然而这些平台之间的数据处于相对分裂状态，很不便于餐厅进行统一的数据整理和分析。市面上的智能POS机基本上都对接美团、大众点评、百度糯米等团购平台，以及口碑、百度外卖、饿了么等外卖平台，这不仅能帮助餐厅快速统一核销团购券、统一管理外卖订单信息，也能为餐厅提供整合各平台的相关数据，餐厅根据数据可以实时调整经营重点，实现效益最大化。

当然，各种智能POS机系统除了能为餐厅提供以上三类数据外，往往还具备以下功能。

（1）在线点餐：在线点餐参与排队，在节省顾客的排队时间、提高消费满意度的同时，也为出品率提供了可靠依据。

（2）宣传载体：大多软件平台会为商户提供优惠券版块，用户可以直接通过软件查询店面优惠信息。

（3）财务管理：一些软件可以实现自动统计销售员的提成、自动统计桌台的消费情况等功能，为餐厅提供快捷、准确的财务数据。

（4）库存统计：自动统计库存消耗。

（5）会员管理：一些软件还可以对会员数量、会员消费情况进行实时统计，在价格方面亦可呈现零售价、促销价、会员价三种价格。

拿排队网来说，将餐饮营销和智能点餐融入餐饮管理系统中，打造了"聚食汇餐饮管理系统+微餐厅+智慧云·移动POS+Pad点餐+好秘书"的生态体系，借此实现线上与线下、移动终端与POS系统、商家与消费者的无缝接驳。而在这种全方位功能体系的基础上，排队网可根据商户具体情况给出O2O运营的个性化解决方案。

三、产品点击率排名，对于新老菜品的交替意味着什么

老菜品能否继续留存？新菜品市场反应情况如何？各类菜品的营销推荐是否

有效？通过智能POS机系统后台，一看"产品点击排行榜"便知。因此，不管是用来验证老菜品的受欢迎程度，还是观察新菜品的市场反应，产品数据无疑都有着重大的参考价值。

1. 由产品点击率分析出顾客口味的偏好

菜品的更新迭代、推陈出新，目的在于研制出更受消费者欢迎的菜品，而如何有效规避老产品的劣势、抓住消费者口味偏好是一个极具挑战性的问题。通常，产品点击率排名就是推测顾客口味偏好的最好依据，一定周期内点击量排名靠前的菜品特性，往往是用户相对比较喜欢的口味，以此为基础便可以为新产品的研发指明方向。

2. 由产品点击率排名列出利润排行榜

产品点击率排名只是用户对菜品欢迎度的直接反馈，是决定菜品去留的基础依据，但并非最终依据。餐厅拿到点击率排名后，还需要核算成本，通过点击率和利润率算出利润贡献排名。最后，再综合评估点击率和利润贡献排名两个因素，采取末位淘汰制，将综合排名靠后的菜品淘汰掉。

【鹤九三问】

（1）对餐厅产品的数据，是否有进行系统全面的统计？

（2）关于产品的去留，是否仅仅看菜品点击排行榜？

（3）在新品研发上，是否深入研究过产品点击排行榜里的学问？

第四节　如何玩转会员数据营销

互联网时代，信息呈现大爆炸、碎片化、多元化等特点，用户获取信息成本不断提高的同时，餐饮企业的营销难度也在加大，各种宣传倍感无力。怎样让宣传信息精准到达目标受众，实现线上与线下的无缝对接，让营销真正走进用户的心里，成为很多餐饮从业者思考的问题。而会员数据是解决这类难题不可或缺的方法之一。

事实上，餐饮行业的会员体系由来已久，古有特殊客人的"楼上雅间"与"天字一号房"，今有多样化的 VIP 会员制度。只不过，如今的会员体系融合了时代的特性，更多地具备了互联网大数据的属性。借助互联网工具，企业的会员数据的采集更加便捷，会员营销基于大数据的分析传播更加精准迅速，范围也更加广泛。"互联网 + 会员 + 大数据"俨然成为餐饮营销的黄金搭档，让很多餐饮企业尝到了甜头。

一、餐饮企业为什么要重视会员数据

大数据，在大多数餐饮企业老板眼中是一个抽象概念，是一个宽泛的互联网技术用语，但一旦和具象化的会员体系结合在一起，就很容易理解了。通过会员数据分析，餐饮企业老板可以非常清晰地了解到会员用户的年龄、喜好、消费力等情况，从而针对性地进行营销推广，效果自然比常规的营销方式更精准有效。当然，餐饮企业在开展会员数据营销前，必须先清楚以下两点。

1. 消费习惯在改变，营销方式也必须变

互联网的普及应用，已经培养出一大批 80 后、90 后甚至 00 后的核心消费人群，他们逐渐成为餐饮大众消费的主力军，而他们与以往的消费群体在消费习惯上发生了三大改变。

第一大改变：选择方式。

很多消费群体选择餐厅用餐几乎形成了一个既定的流程，先去大众点评搜索餐厅看看评分和评价，再去各大外卖、团购平台里找找有没有优惠券或团购，如果想足不出户体验某个餐厅的美味，则会果断选择各大外卖网站点餐。

第二大改变：支付方式。

往前追溯十来年，很多人还觉得刷卡消费是一件很时尚的事情。而如今，年轻人在餐厅"刷手机"消费也早已不是什么新鲜事了，支付宝、微信支付、网银等正在从线上走向线下，成为人们日常消费的常用支付方式。

第三大改变：会员点评。

吃饱喝足后与餐厅"银货两讫"并不是整个消费行为的终结。在各类平台推出"支付即会员"后，消费一次即可成为餐厅的会员，他们不仅可以在朋友圈里晒图并对菜品评头论足，更可以在各大平台上点评餐品。而餐厅的会员积分、会员专属活动等一系列优惠政策，对于促进消费者二次消费的意义也非常大。

2. 会员数据的四大价值不可小觑

对于餐饮企业，会员数据的价值主要体现在以下四个方面。

（1）更精准地定位目标客群。大部分会员几乎等同于餐厅的目标客户，他们基本上都是自主地进店消费人群，他们的年龄、消费水平、习惯等特性，基本上帮助餐厅划分出了目标人群，再经过长时间的会员数据积累和分析，餐厅便能更精准地定位自己的目标客群。

（2）充当品牌的"传声筒"。会员是有一定忠诚度的顾客，只要餐厅的美味和用餐体验让顾客满意，他们就会免费地将餐厅信息分享给周边的朋友，从而帮助餐厅塑造良好的口碑。

（3）了解客户需求的"参谋长"。会员消费的数据，包括消费金额、消费频次以及对菜品的评价，能帮助餐厅更好地了解目标客户需求，再借助会员数据的分析，能更好地为餐厅经营决策提供参考。

（4）实现更精准的营销策略。有了会员数据作支撑，所有的营销活动，包括优惠券、现金券、新品体验券等都可以非常精准地对会员推送，这样有针对性的营销推广效果会大大提升。例如，上海和记小菜曾用了一个月时间对5000名会员展开生日营销，每人赠送300元生日礼券（餐厅的桌均消费高于300元），并提前一周告知会员拥有此优惠福利。最终根据系统统计的数据显示，60%左右的会员因为优惠活动选择来和记小菜庆生，每位会员除消费券以外还为餐厅贡献了大量额外的现金收益！

因此，当消费者的聚焦点由线下转向线上，消费行为开始习惯于线上线下相结合时，餐饮老板若还在苦守着线下的一亩三分地，营销方式还是单纯地发放纸质传单与会员卡，会员推送信息依然停留在短信群发与橱窗里的海报，那就注定会浪费大量的时间和金钱在无用的营销上。

二、会员三大分类，需找到最"值钱"的那一类

会员群体一般是餐厅的老顾客人群，他们不仅是餐厅的消费者，还是餐厅品牌传播自媒体的最大来源。据了解，目前"一茶一坐"、"金百万"的餐饮品牌会员数已突破百万，这几年一直致力于通过挖掘会员价值招揽生意，并且取得了非常好的效果。可以说，会员管理是餐厅管理的关键之一，而怎样找到最"值钱"的那一类会员更是关键中的关键。通常，餐厅会员分为三类。

1. 粉丝会员

这是入门级会员，对价格、优惠较为敏感，一般来源于餐厅活动的引导性推介，或者源于对官方微信公众平台的关注。会员资格对他们的最大吸引力就在于成为会员后的优惠以及会员特权等，一旦优惠或特权达不到预期，便很难再利用会员吸引他们的二次消费。这类会员的忠诚度普遍较低。

2. 积分会员

这是会员中比例最高的群体，一般占40%～50%，也是餐厅需要重点维护的会员。他们的活跃度是所有会员中最高的，进可以升级为充值会员，退也可以降格为粉丝会员，所以需要餐厅在这些会员上多花点心思。

3. 充值会员

这类会员占比5%～10%，比例最低，却是价值最大的会员群体。他们普遍忠诚度较高，最有可能成为餐厅的免费自媒体，为餐厅带来更多的客户。

总体来说，三类会员都存在一定的价值，但价值大小已不言而喻。餐厅可以将三类会员区别对待，分清重点，在不同的时期策划不同的会员活动。一般

会员类型占比
■粉丝会员 ■积分会员 ■充值会员

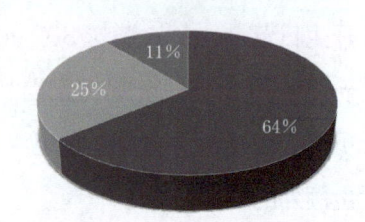

- 11%
- 25%
- 64%

来说在会员初期拓展阶段，可设定较低的门槛，先让用户免费成为粉丝会员，后续再通过一定的活动促进粉丝会员升级到积分会员，最终再筛选出忠诚度更高的充值会员。

三、活用会员数据，三大方法可以事半功倍

其实，先将消费者分为会员与非会员，再对会员进一步细化，目的就是为了通过更加具象的消费特征策划更加"贴心"的营销服务。

例如，在全国有着100多家连锁店的"一茶一坐"餐厅，过去一直尝试发放会员卡，但效果不佳。而后，他们通过微信来激活会员，却收到了意想不到的效果。又比如，知名餐厅"金百万"有92万会员，而利用简单的充值千元送自行车的营销策略，一个月内即收回一千多万元的成本，效果十分显著。我们来看看他们是怎样活用大数据的。

1. 有针对性的激活与唤醒，延长会员客户生命周期

这里引入会员客户生命周期概念，餐厅要在合理的时间用恰到好处的内容来唤醒"僵尸"会员、"沉睡"会员，激活潜在消费。"一茶一坐"根据会员数据分析出了各种消费特性，如距离第一次加入会员48天之内回来消费的比例最高，一般半年之后会进入所谓的沉睡周期等。对此，餐厅会利用软件系统每天筛选出一批符合"48"条件的会员，发送一条短消息，注入一张优惠券，而且这张优惠券会跟消费者上一次的消费行为有关联。针对所谓的沉睡周期，"一茶一坐"则是利用折扣券等活动每半年进行一次"唤醒"。这种行为就相当于在人们即将要忘记某件事情的节点上，突然有人提醒他，印象一定会非常深刻。

2. 量身打造营销策略，做"走心"的营销活动

根据会员数据中会员的偏好、消费习惯等特点，"量身打造"营销策略，让强制性的营销活动转化为一场润物细无声的情感转移。例如，"一茶一坐"餐厅举办的生日关怀、线下品鉴会、一元秒杀等参与感极强的活动，就是用更贴近用户消费习惯与心理的营销方式，来打开消费者的心门。又比如，"金百万"在9月餐厅淡季的时候，推出充值即送自行车的活动，就是看中了当时正值秋高气爽出游好时节，人们对于自行车的需求大大高于平日，另外也是开学之际，父母可

以此作为送孩子的开学礼物，以此为契机打出的"送自行车，送健康"主题，非常受家长和孩子们欢迎。

3. 视为餐厅"一把手"工程，实现会员价值最大化

会员体系的执行是一个工程量很大的过程，它涉及餐厅的财务系统、CRM客户系统、采购进销存、营销等各个环节。很多传统餐厅最早使用的会员体系，在数据上各自独立，没有全面打通，升级版的会员体系执行会涉及多个部门的协作，要打破以往既定的规则，自然会面临各种阻力。因此，餐饮企业的会员体系落地是"一把手"工程，必须由最高领导牵头，带动全体高层自上而下分步骤执行，才能最终落实到位。

例如，"一茶一坐"落实会员体系时，在团队与系统、系统与系统之间进行相当长一段时间的磨合，仅仅在数据接入、流程再造和服务的磨合上，就足足花了半年多的时间。对不同阶段的会员营销进行有效的设定和管理后，最终才一步步实现会员信息的全面化、准确性和实时性。

【鹤九三问】

（1）您的餐厅是否有健全的线上线下会员体系？

（2）是否对会员进行分类，有针对性地定期维护？

（3）是否充分利用会员数据，开展有针对性的营销活动？

第五节　巧用大数据技术进行精准营销

  自从有了互联网，营销就由之前的浅溪变成了大海。作为"渔民"的餐饮企业老板们发现，营销变成了一次又一次的出海历险记，即便搭了一条坚固豪华的渔船，多次撒网，也可能只捞起一网廉价的小虾小蟹，就如同餐饮老板投入大量的费用进行互联网宣传，结果却有可能像跑到三亚海边卖棉帽一样，收效甚微。

  如今，营销的主场正由线下走向线上，由传统媒体转向新媒体，多样化的营销载体衍生出越来越多的营销方式。然而，哪一类载体更适合宣传餐厅？哪一种方式更适合自家餐厅？通过大数据的分析便能得到科学的答案，当餐饮企业有了大数据做支撑，营销便能有的放矢，真正实现"四两拨千斤"，低成本且精准。

一、关于大数据营销，不得不说的小米

  近几年，为"发烧而生"的小米俨然成了中国的"苹果"，它以"肉眼可见"的速度打进手机市场，迅速成为中国人的"街机"。2015年"双十一"，小米11分钟销售过亿，充分展示了互联网草根群体的消费力和粉丝经济的强大。

  自入市以来，小米就非常清楚：它在为谁制造手机，谁最有可能为它的产品买单，该在什么样的群体积聚营销力量，以怎样的卖点向消费者进行诉求。以下几组关于小米用户数据的分析图，或许正是小米这几年战功显赫的重要原因。

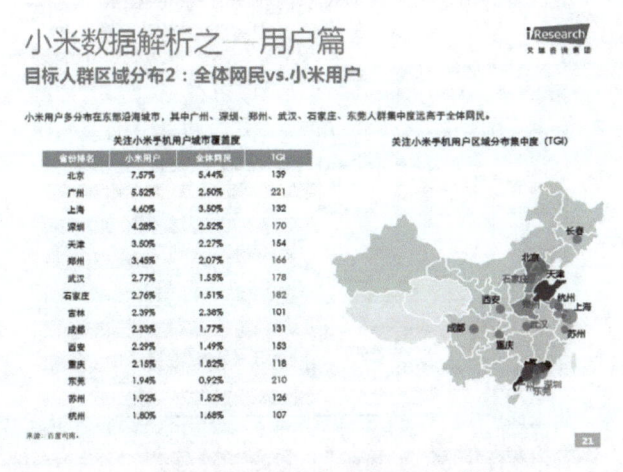

来源：百度大数据和艾瑞集团联合发布

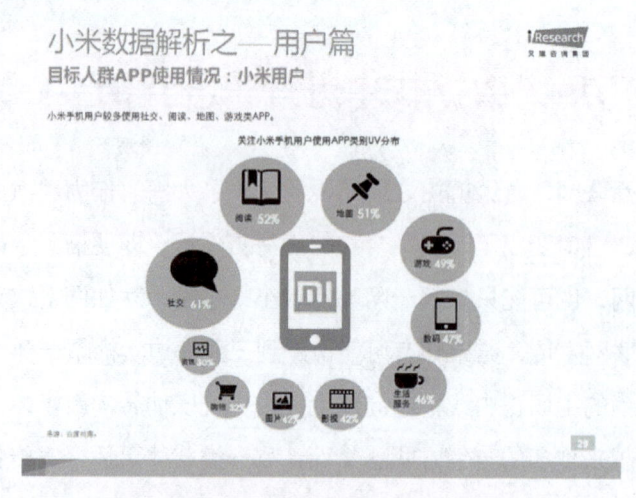

078 / 互联网+餐饮
一本书读懂餐饮互联网思维

来源：百度大数据和艾瑞集团联合发布

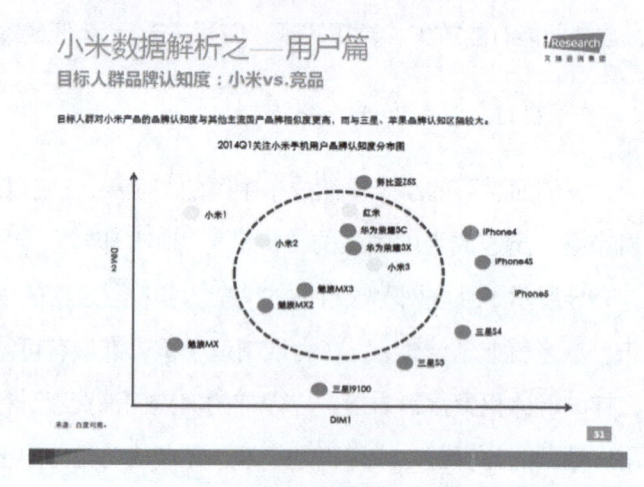

来源：百度大数据和艾瑞集团联合发布

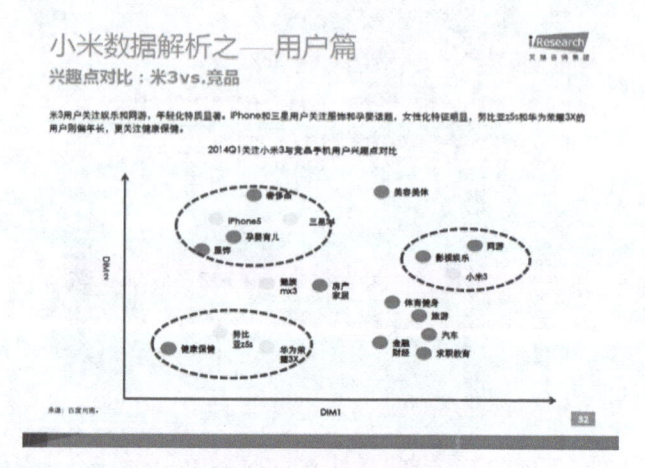

来源：百度大数据和艾瑞集团联合发布

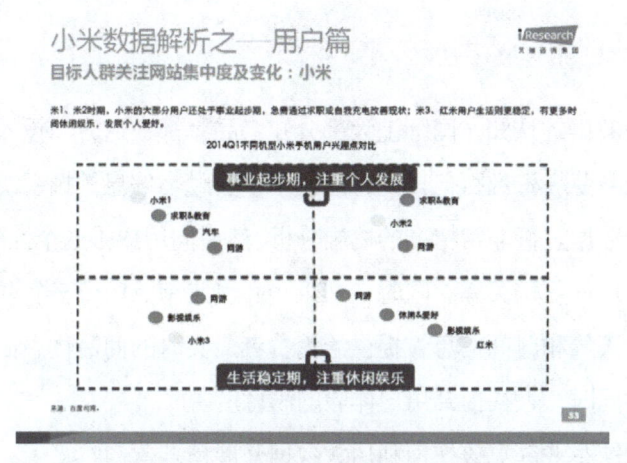

小米数据解析之——用户篇
目标人群关注网站集中度及变化：小米

来源：百度大数据和艾瑞集团联合发布

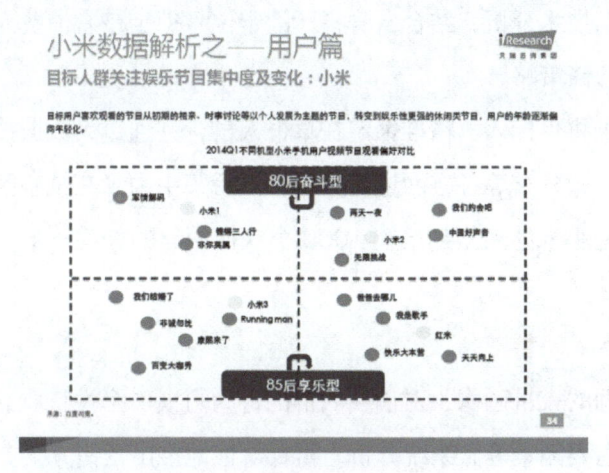

小米数据解析之——用户篇
目标人群关注娱乐节目集中度及变化：小米

来源：百度大数据和艾瑞集团联合发布

通过以上用户数据的分析，小米对用户的行为习惯、需求兴趣点、目标人群关注度集中的网站、竞争对手情况及分布等了如指掌，所以在产品定价上往往能击中消费者"要害"，并能精准找到目标受众集中的社会化渠道进行营销。我们也看到，无论是小米的"饥饿营销"、"粉丝见面会"，还是其他各种形式的邀请码、爆款促销活动，都能迅速吸引草根人群的关注，并与粉丝打成一片，最终创造一次又一次的销售高峰。

二、如何利用大数据展开精准营销？

基于对大数据的认知，国际上大部分知名品牌都在这方面投入大量的精力和资金。日本麦当劳耗资数百亿日元，建设了一套顾客信息挖掘系统，并对门店采集的用户交易数据进行非常精准的挖掘分析，然后向用户推送个性化的优惠信息，大大提高了用户重复购买率。同时，7-Eleven 也定制 APP 充当终端数据搜集器，再结合地点、天气和时间信息，提供给消费者最实时的商品优惠信息，从而在提高消费频次的同时，大幅提升用户体验的满意度。

那么，餐饮企业究竟该如何利用大数据开展精准营销？

1. 锁定核心消费人群

通过大数据技术分析，结合自身餐厅的定位，锁定核心消费人群，针对核心消费人群制订营销策略。

例如，小米将目标人群精准锁定在草根人群，并通过大数据技术手段对用户年龄、个性、区域分布等各方面进行分析，然后集中力量在核心区域针对手机发烧友造势，这是小米能聚集到最初 1000 个铁杆粉丝的关键一步，也为后续社群营销奠定了基础。

2. 描绘消费人群特征

通过大数据的人群画像，对消费人群的行为习惯、个性特质、行为习惯、影响消费购买的主要因素等做系统分析，再针对性地推出营销方案。

例如，日本"麦当劳"将客户使用优惠券的过程转变成了收集客户信息的过程，收集的信息包括消费者的性别、年龄等自身特征，以及他们的消费特征，从而形成一个非常有价值的数据库。基于此，对于周六、周日白天频繁购买咖啡的顾客，日本"麦当劳"会向他们发送周末早上免费兑换咖啡的优惠券；对于光顾率很高，但还没有购买过新品汉堡的顾客，日本"麦当劳"会向他们发送新品汉堡的打折优惠券，如此一来，到店率和销售额都大大提高。

3. 分析产品的受欢迎程度

利用产品数据对菜品的受欢迎度进行分析，选择用户好评率高、点击率高、毛利高的"三高"产品进行促销，对于一些差评、点击率低的菜品及时进行淘汰。

例如，7-Eleven，这个拥有 4800 多万种商品、单店导入均约 2800 种，每周都有新品推进、70% 年替换率的零售品牌，每间商店的商品都有所不同，而所陈列的商品正是由消费者数据决定的。在中国的 7-Eleven 店里，除了能看到常见的寿司、餐包、关东煮以外，还能看到包子、盖浇饭等更符合中国人口味的餐品。从店铺到总部的信息，以及供货商、订货系统的信息，7-Eleven 均实现了互联网化，在提高顾客体验的同时，也方便了数据采集，而且数据里会提示，哪一类型的餐品更受当地消费者欢迎，继而影响新品开发与商品的陈列。

4. 防患未然，做预知性营销

大数据不仅能为当前营销提供参考，更能预知未来市场的发展趋势，因此可利用大数据分析，领先竞争对手做预知性营销。

例如，日本"麦当劳"通过手机支付软件得知消费者的消费频次、消费周期、消费"淡季"等，继而提前推送恰当的优惠活动；7-Eleven 的订货系统分析数据，能显示某一种商品在某一时段容易出现缺货问题，从而让仓库提前备货。

总之，互联网大数据能非常清楚地告诉餐饮企业需要针对什么样的人群进行营销；向目标消费人群推介什么样的餐品成功率更高；为目标消费人群策划怎样的优惠活动更恰当；在什么地段和时间段进行某种营销更有效；如何规避消费者的常见质疑与店面所遇到的常见问题等。基于这些，实现精准营销再也不是什么难事。

三、这些 O2O 平台，不能忽略其大数据的价值

作为普通的餐厅，可能不具备"麦当劳"、7-Eleven 等国际大企业的雄厚资金实力，不能开发独立的大数据系统或 APP，更没有大量的人员投入到数据管理上，那么该如何迈出大数据营销的第一步？入驻国内各大 O2O 平台就是一个不错的选择，类似大众点评、美团、口碑、饿了么等 O2O 平台都颇受餐饮商家与消费者的欢迎，其背后强大的大数据支撑，也是餐厅展开精准营销的重要渠道。

1. 会员沉淀

无论是大众点评、美团这样的传统团购模式，还是口碑这样的新晋 O2O 平台，

它们的会员体系都可以为餐饮企业提供一个精准的营销目标人群。例如,口碑的"支付即会员"模式,能帮助线下商家从支付宝与口碑的庞大用户体系中沉淀出自己的会员,进行精准的二次营销。简单来说,消费者在商家领券、支付后,餐饮企业可以引导消费者关注自己的服务窗,将消费者沉淀为餐饮企业的会员,再通过 CRM(客户关系管理)系统进行智能化营销服务。

同时,通过平台的大数据,餐饮企业能清楚地看到过去一段时间里谁消费过哪一道菜品、消费过多少次、消费金额是多少,以及消费的好评情况,先精准锁定目标人群,再有针对性地制订营销策略,效果自然会事半功倍。

2. 餐品"红黑榜"

拿大众点评来说,其平台里的评分和点评永远是亮点,其中不乏专业吃货写出来的点评。对于这类点评,一方面消费者可以筛选出好评率高一些的餐厅和菜品,另一方面餐饮企业亦可以从中了解自家菜品的受欢迎程度。大众点评的餐品"出镜率"排名犹如餐品的一个"红黑榜",消费者最爱吃的和最不待见的皆在其中,这就为餐饮企业做优惠活动提供了一个绝佳的参考。在"红榜"中挑选排名靠前的优质餐品,会大大增强活动的吸引力,提升顾客体验满意度。

3. 优惠活动的推送

对于美团、大众点评这样的平台,商户通常通过团购、优惠券、打折等低价模式吸引消费者。相比较而言,口碑倡导的是一种更健康的引流模式,主要以现金券、二次抵用券、会员存储卡等模式来留存客户。

例如,在 2016 年 3 月口碑发起的"大牌食惠周"活动中,85℃发出了 76 万张二次抵用券(满 20 元送两张 5 元抵用券,使用门槛为 35 元立减 5 元),通过这种方式,85℃不仅将客单价从 28 元提升至 41 元,而且顾客的二次消费比例也大幅提升。而提高客单价的秘密就在于,一般餐饮企业会在平均客单价的基础上抬高 5~10 元设置门槛,这就是充分抓住了消费者想赚取优惠的心理,让消费者心甘情愿多消费,同时为了使用赠送的抵用券,不惜重复购买产品。

4. 智能化精准营销

O2O 平台都可以利用大数据技术智能捕捉用户的行为习惯。例如,当用户在美团上消费过某餐厅的菜品之后,在其后的一段时间里每当他打开美团,总能在醒目位置看到平台智能推荐消费过的那家饭店，同时，相关菜品的一些优惠信息也会被智能推荐。因此，O2O平台不仅仅是一个优惠推荐平台，更是一个智能营销平台。

在当下的营销环境中，传统意义的"广撒网，多钓鱼"的理论早已不再适用，用最低的"成本"撬动更大的"利益"才是营销的最高境界。而要达到这种境界，"精准营销"是工具，大数据是支撑。

【鹤九三问】

（1）准备如何利用大数据展开精准营销？

（2）是否分析过几大O2O平台的大数据？

（3）是否找到适合自家餐厅的大数据营销方式？

第四章

社群思维：打造价值认同的社群组织

随着主流消费群体的转变，80后、90后逐渐成为消费主力军，过去单纯卖产品的时代已经不再，面对同质化的市场，消费者更倾向于选择有温度的品牌，"价值认同"相比于冰冷的"产品诉求"更能赢取用户芳心。这个时候，带有互联网基因的"社群思维"对于传统餐饮企业打造价值共同体尤为重要。

第一节 社群思维的核心是经营用户

"伏牛堂"硕士米粉借助社群力量瞬间引爆互联网，有力地证明了社群思维的力量；"雕爷牛腩"孟醒、"黄太吉"赫畅借助微博、微信等社交工具与消费者互动，其本质也是社群思维的应用；"外婆家"吴国平、"黄太吉"赫畅、"很久以前"宋吉等餐饮大咖出席各种论坛，分享各种经营干货更是社群互动的一种表现方式。

张天一说："互联网的本质是连接，连接闲置资源，提高生产效率，产生新的经济效益，即使只有10人，但是他们彼此信任互联互通，价值就非常高。"可见，互联网思维体系里的一个关键点就是以用户为中心。

在传统的消费模型中，消费者充当一种被动接受的角色，因此被称为"受众"。而在今天互联网时代里，用户不仅是产品消费者，而且更多地充当"体验者"和"传播者"角色。他们希望与品牌无障碍地沟通，受到企业的关注与重视，甚至积极参与到企业的经营决策中来。这种用户行为习惯的转变，倒逼当今的餐饮企业必须转变思维，重构用户关系。从过去只懂经营产品到经营用户，通过服务与用户连接，并建立自己的品牌社群，让用户与用户之间产生连接。

一、从不同的社群组织来看社群的共性

社群从不同的角度可以有不同的分类，如从属性划分，可分为"产品型社群"、"人格型社群"、"社交型社群"、"传播型社群"等，当然也可以从行业、渠道、人群等多角度来进行划分。不同社群的定位和运行模式存在差异，但都有一些本质上的共性，这些共性或许能为餐饮企业建立社群提供参考。

1. "伏牛堂"的"霸蛮社"

定位：充当年轻人的连接器。

目标人群：热爱湖南"霸蛮文化"的80后、90后。

成员数量：20万，活跃人群近1万。

互动方式：微信群+线下兴趣小组活动。

发展现状："霸蛮社"拥有2000多个微信群，每个微信群人员控制在50—100人，每周都会有线下组织的活动。"霸蛮社"的发展经历多次升级，最初是兴趣社群1.0版本，社群成员大部分出于兴趣爱好走到一起，并自发组织各种线下活动；随后升级到"用户即员工，员工即用户"的2.0版本，这个阶段很多用户更加深入地了解品牌，社群之间的互动更加活跃紧密，部分忠实用户和顾客慢慢变成了"伏牛堂"的员工；最后，再升级到"无边界组织"的3.0版本，这时，公司一些不太重要的部门逐步被社群拆解掉，企业运营成本和效率再次提升。而每次升级都是品牌与用户关系的进一步强化，同时也伴随着"伏牛堂"价值主张的又一次深入。

2. 颠覆式创新研习社

定位：中国第一个互联网学习社群。

目标人群：关注互联网创新、学习的人群。

成员数量：近万人。

互动方式：开设论坛，举办会议。

发展现状：颠覆式创新研习社是一个自发的学习组织，由中国知名企业家李善友和中欧创业营150位同学共同发起。社团课程以演讲为主，同时配合教材《颠覆式创新》《互联网思维》《互联网世界观》等。2015年，研习社进行了一系列的课程改革，开设"公益演讲"、"创新模块课程系列"、"大咖专场系列"等系列课程，短短一年间，便吸引了近6000人加入，迅速成长为中国第一互联网学习社。它的成功与创始人李善友强大的人脉关系密不可分，也离不开中欧创业营里顶级教授、企业领袖、国际大咖的集体智慧，更离不开社团与社员间有效而紧密的连接。

3. 罗辑思维

定位：打造自由人自由联合的知识社群。

目标人群：10万个相信"罗辑思维"的品质、认同"罗辑思维"的内容和运作方式，并期待"罗辑思维"更好、更成功的人。

互动方式：视频、微信、开设论坛等。

发展历程："罗辑思维"社群经济的发展大致可分为三个阶段，"不同阶段"罗辑思维的运营重点也不相同。

第一阶段，"罗辑思维"自媒体的品牌建设阶段，这个阶段以输出脱口秀视频为主，并在微博和微信上进行推广，逐步积累口碑。

第二阶段，"罗辑思维"知识社群的形成阶段，从开放投稿开始，"罗辑思维"知识社群逐渐形成。

第三阶段，"罗辑思维"社群经济的探索阶段，从招募会员开始，实验社群经济的运作模式，主要分为两类：一类是群内互动，包括帮会员相亲，女会员附上照片、简介和微信号，在微信公众号上广而告之，征集意中人；另一类是社群电商，类似"吃霸王餐"活动的尝试，初次也征集到了200家单位1万多个席位；借助"罗辑思维"平台的吸引力和社群成员本身的人脉，不断吸引外部商家免费参与这些活动。

以上3个成功的社群组织，每一个环节的设置、每一个阶段的发展策略以及各种形式的社群互动，都充分以用户为中心，这也印证了一个观点：社群思维的核心是经营用户。同时，我们不难发现他们的几大共同点：

（1）**非常明确的社群定位**，这是有别于任何其他社群的标签，也是社群用户之间彼此认同的价值共同体。

（2）**目标受众非常细分**，不以年龄作为筛选用户的标准，更从价值观上区分。

（3）**采取"线上线下联动"的互动策略**，线上是一个快速聚集用户的渠道，线下则是一个互动沟通、增强认识、筛选用户的过程。

（4）**社群发展是一个不断升级迭代的过程**，每个阶段的沟通方式和形态都会有所不同，并且会根据用户规模、质量、沟通深度等不断调整。

二、餐厅开展社群的四大价值

社群作为一个用户连接的平台，不仅能让用户与餐饮社群领袖打成一片，让用户对餐饮品牌的价值、文化理解更加透彻，而且在以下4个方面展现出的价值，更值得每一位餐饮企业老板在社群上花心思好好研究。

1. 市场调研

市场调研是餐厅实施任何一项市场活动前的动作，尤其在推出新品、调整模式、装修整改等重要经营环节上，社群的价值就凸显出来了。

例如，餐厅准备在夏季推出一系列清补凉菜品，而在进行任何菜品开发之前，可以先召集社群粉丝展开新品研讨会，询问他们夏季里对哪类菜品更感兴趣，或者在别的地方吃到的时令菜式等，并且让部分忠实粉丝参与到新品研发过程中来，对新品的原材料和制作工艺提出建议。如此，尽管不能保证所有粉丝的建议都能最终采纳，但通过调研这种形式的互动，能让用户感受到被重视，并了解餐厅推出新品的频率，提前为新品上市做宣传铺垫。

2. 用户体验

当餐厅确定初始的新品研发思路后，产品中心便可进行系列菜品的研发、选材、试菜、优化调试等过程，分别从色、香、味、型、意五个方面进行内部综合考评，最终内部统一评分达到上市标准后，再将菜品推向市场。同时，为了让推出的新品更容易被消费者接受，餐厅可以在社群小范围内征集第一批忠实粉丝，搞一场"新品免费试吃"活动，让粉丝到店免费品尝新品，并对新品进行客观的评价，如此可确保新品上市"万无一失"。

3. 口碑传播

当菜品经过内部和外部的测试认证后，准备正式亮相时，还是不能忽视社群的价值，这个时候恰巧可借助社群的力量进行快速的口碑传播。例如，餐厅可在社群公开举办一场"吃货争霸赛"，征集100名符合条件的"吃货"到店吃"霸王餐"，并分成5个小组，每个小组分别对餐厅的新品进行点评，再邀请专业的美食家对所有"吃货"进行专业度评分，最终评选出3位专业"吃货"给予奖励。当然争霸赛只是个噱头，更多是为了激发他们的口碑力量，让社群成员及朋友一起参与进来。如此，新品可在短时间内被广泛传播出去。

4. 员工储备

社群是一个高价值认同、强关系型的组织，是餐厅经营用户的一个平台。这些人或许是因为兴趣、产品、社交或者种种原因聚集在一起，但前提都是对社群价值的认同。所以，当社群关系发展到一定程度时，餐厅员工与社群粉丝之间，已经从服务与被服务的关系转换成朋友关系。这个时候就很有可能出现"霸蛮社2.0"时的情况，"员工即用户，用户即员工"，很多社群人员直接转换成餐厅员工，这或许也是解决当前餐饮业"招工难"问题的好方法。

【鹤九三问】

（1）在餐厅经营过程中，是否有建立专属餐厅的社群？
（2）您建立的餐饮社群属于什么类型的？
（3）目前，您的餐厅社群有发挥出什么价值吗？

第二节　玩转餐饮社群的六大步骤

提到社群营销，大部分餐饮人会在第一时间想到"伏牛堂"的"霸蛮社"，它可谓餐饮社群营销的鼻祖，无论是在社群思维构建上，还是具体的玩法上，都给餐饮人上了一堂非常精彩的社群课，也因此，"伏牛堂"被冠以"社群餐饮第一品牌"的称号。

回想"伏牛堂霸蛮社"的玩法，从最初简单粗暴的微信拉群，到定期组织各种线下活动，再到粉丝的精简过滤，经历了多次优化升级后，才过渡到现在的社群3.0模式。我们发现，"伏牛堂"的"霸蛮"文化与"霸蛮社"已经融为一体，它随着社群的发展而发展，并在社群的互动连接中凸显价值。

一、在玩社群之前，需要明白这几个道理

餐饮企业在展开社群营销之前，一定要明白一个道理：社群是一个发展完善的过程，它有可能随着企业及社群的发展而发生改变。以"伏牛堂霸蛮社"为例，若探索它的发展轨迹，可以发现它一直属于一个"变体"。

1. 定位在变

"伏牛堂"一开始简单而粗暴的建群、拉群的方式，很多人估计都用过，但"不好使"。在正式开业前，张天一找了大概50个朋友，每个人在微博上找40～50个关键词，包含湖南和北京的微博用户，想筛选出在北京的湖南人，作为"伏牛堂"最大的潜在核心客户群。言外之意，张天一最初是将伏牛堂定位于湖南人在北京"老乡聚会式"的存在，让湖南人在北京也能吃到正宗的家乡味。但是，一番折腾下来，他有了一个有趣的发现：粉丝群里有70%是年轻人，年轻人中又有70%是女性。这惊人的数据让张天一意识到，年轻人才是他们真正的潜在核心消费人群，于是对"霸蛮社"的定位做了一次更精准的调整。时至今日，"霸蛮社"已形成一种独有的"不同意、不认输、做自己"的霸蛮文化，展示出一种年轻人的生活态度与方式，成为连接年轻人的一个平台。

2. 模式在变

张天一曾表示："一开始就是一大堆人整天围在一起，聊如何开发米粉……

几百人还可以，一万人天天聊米粉就很头疼了。"所谓的社群模式，就是要把一些有"共通点"的人集结在一起，以"共通点"为圆心，聊他们共同感兴趣的话题。那么，对于"伏牛堂"来说，他们因为湖南牛肉粉聚在一起，聊得最多的自然就是牛肉粉。但是，作为一枚普通"吃货"来说，一碗牛肉粉到底有多少话题可聊，这本身就是个问题。一旦社群变得无话可说，那么离长期潜水或解散也就不远了。于是，"伏牛堂"又开始了蜕变之旅，将"霸蛮社"群体进一步细分，总结出四个流行的社群模式：产品型社群、人格型社群、社交型社群、传播型社群，并找到更加适合"伏牛堂"的社群模式。随着"伏牛堂"定位的不断精准化，一群有着"霸蛮精神"的年轻人在一起，已经不单单聊湖南牛肉粉了，他们会聊年轻人关注的各种热点事件，也会探讨关于人生、梦想等非常严肃的话题。

3. 价值在变

2015年的"双11"，"伏牛堂"酝酿出了一件"大事"——"方便"米粉在京东众筹。之所以说大，是因为参与的人数之多、反应之快令人始料未及。而这其中"霸蛮社"的力量功不可没。"伏牛堂"请求这些"霸蛮社"的粉丝们每人给一元钱，一天之内8000多人响应并帮助传播，使"伏牛堂"的众筹从京东不起眼的位置脱颖而出，引来大量流量的同时，也推动众筹的成功。

因此，社群的价值非常之多，除前一章节提及的四大价值外，在某些特定时期，基于社群的力量进行电商销售也是其不可忽视的价值。

二、玩转餐饮社群六步走

餐饮社群既然如此重要，"伏牛堂"的尝试也已证实社群互联网思维的可行性，那么，餐饮企业究竟该如何开展社群营销？

餐饮社群分六步走

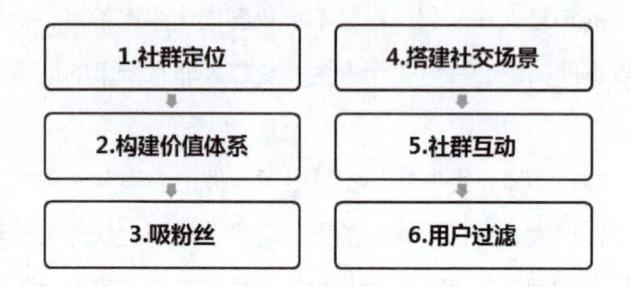

```
┌─────────────┐      ┌─────────────┐
│ 1.社群定位  │      │4.搭建社交场景│
└──────┬──────┘      └──────┬──────┘
       ↓                    ↓
┌─────────────┐      ┌─────────────┐
│2.构建价值体系│      │ 5.社群互动  │
└──────┬──────┘      └──────┬──────┘
       ↓                    ↓
┌─────────────┐      ┌─────────────┐
│  3.吸粉丝   │      │ 6.用户过滤  │
└─────────────┘      └─────────────┘
```

1. 社群定位

社群，是基于用户的群体。为餐厅组建社群的目的，就是将餐厅里的客户向外延伸，将客户演化成用户，然后通过用户去连接更多的同类用户。因此，确定哪些用户作为社群目标用户，是社群定位的根本。

通常，餐厅社群定位可从餐厅的目标人群定位上来找，先找出餐厅消费人群的共同特性，再以这些人群的共性放大范围进行圈选。例如，"伏牛堂"做的是湖南牛肉粉，第一家店开在北京，基于此可将人群定位为北京的湖南人。但运营的过程中，伏牛堂通过数据统计发现，来伏牛堂消费的不仅是湖南人，更多的是偏年轻人，于是将社群定位再一次精准调整为"有个性、不认输、有着湖南霸蛮精神"的年轻人。

基于精准的人群定位，后续所有的社群工作才能有的放矢地开展，包括社群价值体系建设、吸粉、社群互动等，社群人员之间因为背景、价值观的一致，才会产生更多有价值的连接。

2. 构建价值体系

构建社群的价值体系，就是为社群用户寻找一个价值共同体。就如同小区业主委员会的微信群，他们是为了最大限度维护业主利益而聚在一起的；而小米的铁粉群，则是一群电子产品发烧友。在为餐厅社群塑造价值体系的过程中，应当将餐厅的品牌文化与社群文化充分融合，形成一种文化上的共鸣，并上升为社群的"图腾"，以此来吸引更多认同价值的人群入社。

例如，在"很久以前"餐厅的社群里，把人分为三种：一般人、二般人、狠人。一般人把事情做完；二般人在把事情做完的基础上做好；狠人在做完的基础上把事情做到极致。其实，无论是哪一种人，都会在年轻的群体中得到共鸣，患拖延症、选择困难症等的一般人、有一定自律性的二般人，还有努力拼搏追求极致的狠人。"很久以前"的这种分类趣味十足，与餐厅本身倡导的快乐、个性、价值主张如出一辙，如此不仅能将餐厅客户转化为粉丝，更能吸引更多认同该价值体系的用户进入社群。

3. 吸引粉丝

社群运营最重要的环节是如何吸引最初的100位"铁杆粉"，有了这100位"铁杆粉"，后续的社群吸粉就会变得水到渠成。"伏牛堂"最初的100位"铁杆粉"与开业前产品内测有很大的关系。基于"伏牛堂"的人群定位，他们通过微博、微信等社会化媒体精准锁定行业意见领袖，邀请美食达人、社群达人等进行产品内测，品尝自己亲手烹制的湖南牛肉粉。这样一番精准的试用下来，只要菜品"过硬"，试用者很可能成为社群的第一批"铁杆粉"，再借助他们的口碑宣传，会吸引更多粉丝加入。当然，吸粉的方式有很多，各种新品体验、美食霸王餐、相关征集活动等都是不错的"吸粉"招式。餐饮企业老板只要在日常经营活动中植入社群思维理念，就不乏"吸粉"的点子。

4. 搭建社交场景

什么类型的用户，适合在什么场景下进行社交，只有搭建好合适的社交场景，才能提高社群用户的活跃度和黏度。

张天一的"霸蛮社"不仅有官方组织的社群主题活动，还有社群粉丝之间自发组织的兴趣小组，同时秉承"做自己"的社群主张，首次便举行了50万人参与的线上发布会，如此"线上+线下"自由连接的场景，都是这群有个性的年轻人所喜欢的。可见，必须搭建社群成员喜欢的社交场景，而且单个场景往往不足以支撑起一个社群，要多场景的搭建与配合，才能激发用户之间更多有价值的连接。

5. 社群互动

社群，不仅是餐饮企业的社群，更是粉丝的社群，所以不仅需要餐饮企业组织社群活动，更需要通过一些方式激发粉丝之间的互动，让粉丝自发地进行连接。张天一说："霸蛮社的兴趣小组每周都会组织活动，规模稍微大一点的就贴'伏牛堂'标签，有时候还会做一些商务拓展，需要资源对接的时候，我们会提供帮助。"关于社群互动的各种方式，本章第三节将做详细阐述。

6. 用户过滤

社群最开始的"吸粉"是一个广撒网的过程，至于要实现"精钓鱼"，还需依靠社群的过滤。不定期过滤掉那不活跃、背离社群价值体系的用户，才能打造高价值认同的社群组织。就像"伏牛堂"的"霸蛮社"如今已拥有20万粉丝，每天活跃的核心群体将近1万人，即便如此他们仍觉得粉丝的精度不够，并将逐步对群里粉丝用户进行清理。

【鹤九提示】

对于"伏牛堂霸蛮社"的社群案例，餐饮企业可以借鉴，但万不可照搬照抄，毕竟每个餐厅的定位和品牌价值都有区别，基于自身现实情况制订合理的社群策略，才能打造出有价值、有差异的社群组织。

第三节 餐厅如何展开社群互动

当餐饮搭乘互联网的快车时，我们发现曾经满面油烟的传统餐饮形象，也正在变得年轻化、时尚化、娱乐化。

互联网最大的价值就是线上连接，社群互动是为数不多能通过社交场景使人、产品、餐厅等实现线上线下连接的方式之一，也是餐饮企业展开互联网社群思维应用的关键节点。那么，社群互动在社群营销中的价值究竟有多大？餐饮企业展开社区互动的方法有哪些？又该遵循怎样的原则？

一、没有互动的社群都是"耍流氓"

"伏牛堂"的"霸蛮社"，直接对接的微信群就有2000多个，定位于只做小群不做大群，一般的群不会超过100人，其中50人左右的群居多，其目的就是希望每一个微信群内部的人"至少见过面"。为此，除了线上的活动之外，"伏牛堂"还经常根据用户的兴趣爱好分组，组织一些线下活动，有必要时，"伏牛堂"还会提供一定的经费。这种鼓励的做法让社群互动愈加频繁，从线上延伸到线下，从语言交流拓展至社交活动。而互动，也正是社群迸发出价值的基础。

1. 传播品牌价值

百度搜索"最辣米粉"，就会搜索出很多"伏牛堂"的相关报道，这是因为"伏牛堂"利用社群互动将品牌"湖南辣"的价值点充分传播出去，形成了"伏牛堂＝正宗＝霸蛮＝辣"的品牌记忆。

2014年，"伏牛堂"首先在"霸蛮社"发出召集令，发起吃辣米粉的活动，要努力为湖南争取"中国第一辣"的头衔，一时间吸引了众多来自五湖四海的嗜辣的朋友前来参战，甚至还有国外友人，相关活动内容也被国外的媒体所报道。通过这次活动，"伏牛堂"向消费者传达出其餐品的两大价值点：正宗湖南牛肉粉、正宗湖南辣。张天一要做的就是正宗的湖南牛肉粉，甚至为此还曾放出豪言：只求正宗，不求美味。对此，"霸蛮粉"们的反应是，湖南人哭着吃完粉；外省人哭着看湖南人在"伏牛堂"哭着吃粉。其实，自始至终，感动消费者的都是由正宗传统美食传递出来的那一份乡情，还有"伏牛堂"表达出来的一种"不服输"的"霸蛮"文化，而这一点，通过社群的互动，"伏牛堂"将其表现到了极致。

2. 提高用户黏度

互动的过程，事实上就是在粉丝中间刷存在感的过程，也是提高餐厅在粉丝心中地位的过程。小米最初的快速发展就得益于社交互动，通过发烧友、超高性价比智能机的黄金组合来吸引用户关注，在微博、社区论坛、微信等平台发起"小米卖断货"等各种话题讨论，定期举办各种线下粉丝见面会、免费体验、"米粉节"等活动，一次又一次调动起粉丝们的热情，用户的黏度与忠诚度随之提升，小米也因此用最初的 1000 个"铁杆粉丝"绑定了上亿用户。

3. 为餐厅引流

此外，餐厅还可利用社群互动向消费者推介新品，通过优惠券等方式为新店开业引流。2014 年"很久以前"餐厅在北京的一家新店开业时，餐厅向每位微信会员赠送了一张价值 78 元的酒炮券，并通过微信图文推送了新店开业信息，部分收到酒炮券却因为距离、时间等原因不便前来的会员，还可以通过微信朋友圈转赠给方便消费的朋友。这样一来，新店的开业人气有了，传播体系也有了。"很久以前"的 CBO 杨庆亮就曾在采访中说道："这个活动我们屡试不爽，无论我们的店开到哪里，不用发一张传单，只要一条微信就可以让店门前排队。"这充分体现了社群互动的引流价值。

4. 收集用户数据

通过社群互动可对社群人员进行消费调研，收集用户消费数据。例如，在社群中发起最爱吃的菜品评选活动，不仅可以更直接地推广餐厅爆品，还可以根据调查结果，获得一份关于菜品受喜爱程度的数据，为餐厅产品优化调整提供依据。

二、展开社群互动的五大方法

1. 开社群嘉宾分享会

举办各类社群分享会，邀请行业意见领袖或社群内有一定话语权的用户，

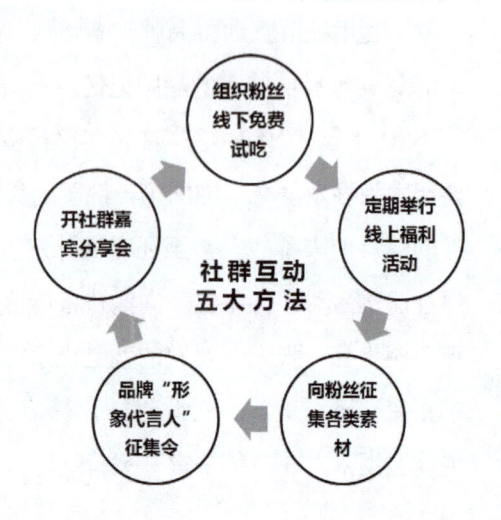

以嘉宾形式进行相关知识的分享。例如，"餐饮界"新媒体的社群组织"餐友社"定位为餐饮人的连接器，主要聚集的人群是餐饮企业老板和职业经理人，社群会定期举办各种线上、线下的沙龙分享活动，分享的嘉宾通常是餐饮行业中比较成功的餐饮老板和资深职业经理人，每次分享都会围绕一个核心主题展开，以干货案例为主，并会设置社群人员互动碰撞环节，如此一来不仅能让社群人员感受到社群的价值，"餐饮界"媒体也在每次活动中得到了充分曝光。

2. 组织粉丝线下免费试吃

对于餐饮品牌社群而言，社群内粉丝基本上与餐厅会员一致，属于消费类粉丝。对于这类粉丝，组织"免费试吃"活动无疑是不错的互动方式。通常这类"免费馅饼"式的方法能快速激活社群内潜水寡言的粉丝，虽然简单而粗暴，却能将社区内用户从线上吸引到线下，再从线下体验延伸到线上的信息扩散，因为大多数享受免费试吃的用户，通常会很乐意用微信、微博等自媒体帮助餐厅免费传播，这样就形成了一个完整的社群互动闭环，不仅能活跃社群传播品牌，更能为餐厅引流。

3. 定期举行线上福利活动

"霸王餐"不能常有，因为过高的频次会让粉丝疲软，但是优惠券、单品优惠券、套餐优惠券、满减优惠券、红包现金券等线上福利可以常有。例如，在餐厅推出新品时，有针对性地发放单品优惠券，能提高消费频次；定期针对粉丝消费习惯，发放粉丝常点餐品优惠券，可以提高回购率等。总之，线上福利活动的核心目的就是吸引更多线上的用户进店消费。

此外，另一种线上福利形式就是发红包，恰逢新店开业、销售业绩超标、周年庆、餐厅喜获某项荣誉时，可直接向社群人员进行线上"发红包"福利活动，这样一方面可提高群内用户的活跃性，另一方面也是对餐厅营业信息和品牌价值的宣传。

4. 向粉丝征集各类素材

如今，越来越多的年轻消费者钟情于"晒幸福、秀恩爱、炫逼格"等刷存在感的行为。对此，餐厅可面向社群粉丝发起类似"晒与亲人、爱人一起用餐的照片"、"随手拍下美食瞬间"、"讲述与美食相关的小故事"等征集活动，而照片与故事可以是餐厅、美食，也可以是用户日常生活的点滴，再设置一定的奖品鼓励用户积极参与，并通过投票、点赞、排名等方式，让参与的用户乐于发动朋友一起关注活动。

5. 品牌"形象代言人"征集令

比征集素材更高一级的社群互动方式，便是面向社群征集"品牌代言人"，基于粉丝对社群价值充分认同这一基础，这会比"广撒网"式征集代言人的参与度更高。从前期预热推广到正式发出征集令，从定期活动推送到拉选票，一场完整的"形象代言人"选拔下来，足够让社群的活跃度上升到一个新的高度。而整个过程就像一场品牌表演秀，由选手、选手亲友团、参与投票粉丝团组成的宣传阵容，对餐厅品牌宣传的价值不可估量。

三、社群互动的五大管理法则

社群互动本身无边界，但是"跑偏"的社群互动即便拉来了流量，不仅难以转换成价值，而且还会降低社群的质量，导致粉丝流失。因此，对于社群互动的管理非常有必要。在社群互动过程中，餐饮企业通常需遵循以下五大管理法则。

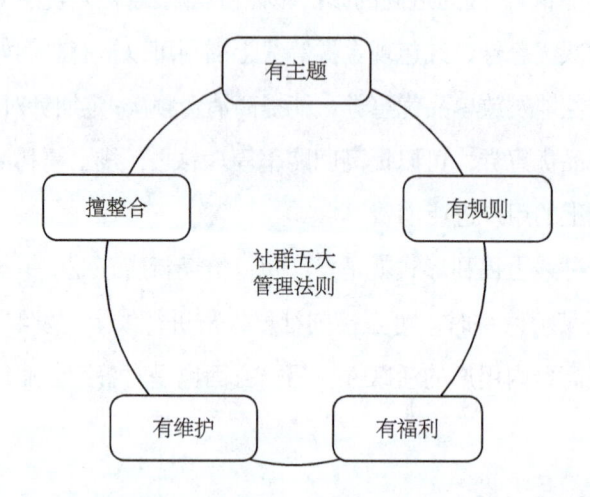

社群五大管理法则：有主题、有规则、有福利、有维护、擅整合

1. 有主题

每个社群都有自己的定位，所以活动不管是粉丝自发组织还是官方策划的，都需要围绕定位来展开，这样才能激发更多用户参与互动。"很久以前"餐厅曾在社群里多次发出"约撸"召集令，约陌生人一起到店里去"撸串"，活动反响

强烈。究其原因，正是因为活动策划彰显了"很久以前"餐厅的"年轻"主题。"撸串"是属于年轻人的"撸串"，线上与陌生人聊天也是年轻人的主场，将二者结合，从线上转移到线下，很多社群里的粉丝都表示：这种处处透出一股"年轻范儿"的活动"特别有意思"。

2. 有规则

无规矩不成方圆，社群里的粉丝行为也需要规则进行约束。例如，"伏牛堂"为社群的大小设定一个范围，为每个社群寻找一个志愿者管理员，在进行一定的授权的同时，设置一定的规则，形成一套完整的社群管理体系。有些餐厅的社群最终沦为微商群、广告群，就是因为缺乏有效的管理，没有设置有效的行为规则。

3. 有福利

福利政策，相当于餐饮企业给予粉丝们的一种人性化关怀。时不时推出些打折优惠活动，发放些红包，迎合消费者喜欢优惠的心理。并且，要让这些福利形成一种惯例，这往往需要有相关的人或团队专门负责此类活动的组织与策划。

4. 有维护

打折不是天天有，活动也不是天天做，但在没有折扣、不做活动的日子里，社群同样需要持续不间断地维护，需要专门的工作人员或志愿者负责日常管理，包括清除"闲杂人等"、发布餐厅最新动态、引导社群话题方向等，让社群互动保持一个良好的状态。

5. 擅整合

当下是整合年代，社群互动也可以整合一些关联资源一起玩。例如，在2015"口碑-致匠心"餐饮生态峰会上，"口碑"不仅邀请了1000多商家用户，包括"牛爸爸"、"海底捞"、"外婆家"、"西贝"等餐饮大咖，也整合了重庆晚报、华西都市报、"餐饮界"、"掌柜攻略"、"一条"、"二更"等相关媒体及行业供应商，这样下来，不仅媒体纷纷为其积极宣传，供应商也要支付展出费，一定程度上为活动分担了成本。

第五章

参与感思维：九招互动方式吸引用户参与

互联网时代，参与感是用户追求自我价值实现的普遍需求。餐厅可以将做产品、服务、营销的过程开放，让用户参与进来，共同建立一个有温度、可触碰、共发展的餐饮品牌。其中，怎样让用户充分参与餐厅的活动，让用户对餐厅菜品发表点评并主动分享，甚至让部分种子用户参与到餐厅的经营决策中来，是塑造参与感的关键，本章介绍的九招互动方式就是餐厅展开互动尝试的实战指导。

第一节　关注免费送

在众多互联网推广工具中，餐饮企业选择最多的是微信和微博，尤其是微信，作为目前国内最活跃的移动社交平台，每月活跃用户已超过7亿。如此庞大的用户基数，催生了各种微信营销方法和手段，也吸引了众多餐饮企业入驻微信平台。

如今，几乎每一个餐厅都会建立自己的微信公众账号，规模稍大一点的连锁餐饮品牌甚至会有几十或上百个公众号。而借助餐厅现有人流，吸引消费者关注公众号，是餐厅与用户展开线上互动的开始，也是餐饮企业微信运营过程的最关键一步。

那么，怎样将餐厅线下流量转化为线上粉丝？"关注免费送"是最简单直接的方式，即通过免费送菜品、礼品、现金券等方式，吸引用户关注餐厅微信或微博。

"尝鲜"海鲜餐厅"关注免费送三文鱼刺身"

2016年1月，"尝鲜"海鲜餐厅在重庆南坪美全世纪城正式开业。这间餐厅主打平价海鲜，推出多款精致菜品，意在吸引当地的海鲜爱好者。开业期间，餐厅通过微信号发布一条图文信息，发起"关注免费送"的活动。粉丝只需要关注该餐厅微信号，并转发该图文信息，便可以到餐厅领取一份三文鱼刺身。

作为海鲜品类中普遍受欢迎的菜品，商家准备的1000份三文鱼刺身吸引了大量海鲜食客的关注，导致开业当天店里人气爆满。与此同时，配合"关注免费送"活动，餐厅还推出一系列的促销活动，刺激用户关联消费，所以很多进店消费的用户，不仅通过关注公众号获得了免费品尝三文鱼刺身的机会，也被其他活动吸引，点了不少其他菜式。消费完之后，餐厅通过发放代金券再一次绑定消费者，提高了二次消费的概率。

通过这次活动，"尝鲜"海鲜餐厅不仅让周边3～5千米范围内的顾客知道了新店的开业，使其对餐厅的定位、产品有了全面的认知，而且聚集了餐厅最初的上千粉丝，为后续的营业推广奠定了良好的基础。

基于以上案例分析，就可以非常清楚地知道，"利益承诺"是吸引用户参与活动的触发点，因此在利益设计、消费场景、赠送方式及关联活动的配合上，非常有讲究。

一、"关注免费送"，送什么很关键

不同的东西，对用户的吸引力自然不一样。如果赠品对目标用户缺乏吸引力，这样的活动自然是白费工夫，通常有以下几种赠品对吸引用户参与非常奏效。

（1）送菜品：选择餐厅好评率最高、有一定代表性，且在营销预算范围内的菜品，设置一定的量进行赠送，效果往往会更佳。这里强调一点，赠送的菜品质量一定要过硬，一旦菜品口味不好，消费者第一次品尝后产生不好的印象，会直接导致客户的流失。

（2）送代金券：代金券分两种，一种是设置一定消费额度才能抵用的代金券，如"消费300即可抵用50元现金"；另一种是没有设定消费金额限制的代金券，如"50元可当现金使用"，可直接购买餐厅相关菜品。两种方式各有利弊，通常消费者对于第二种会更感兴趣，因为没有设置消费限制门槛，接受度会更高。

（3）送品尝券：品尝券是可以凭券免费品尝某道菜品，这类跟"送菜品"的形式差不多，只是中间多了一个"品尝券"的环节，且品尝券通常会设置一定的规则，比如使用有效期、使用前提等。这类品尝券有一定的好处，可带走、可赠人，能起到一定的"拉新"作用。

（4）送折扣券：凭券可直接享受折扣。为了增加折扣券的趣味性，餐厅可设置一个抽奖箱，设置0～9折不同区间的折扣，让用户关注微信公众号后凭手气抽奖享受对应折扣。

（5）送其他礼品：如餐厅定制的"健康大礼包"、"节日礼物"、"定制吉祥物"等，最好是与餐厅定位和品牌文化相吻合的礼品。

二、"关注免费送"，什么时候送更合理

通常，"关注免费送"活动会有三大目的：

（1）通过推广吸引线上客流进店消费。

（2）将餐厅现有的顾客转移到微信公众账号，积累餐厅数据，为后期精准营销做准备。

（3）推荐餐厅新品，提高用户满意度。

基于以上目的，餐厅适合在新店开业、新品上市、周年庆、节假日的时候开展此类活动。当然，如果餐厅是在微信公众号前期的"吸粉阶段"，这类方法也非常不错。

三、关注只是第一步，后续的营销才是重点

餐厅通过"关注免费送"达到了吸粉的目的，也让用户免费享用了餐厅的餐品，但这仅仅是互动的开始。此时，餐厅应当配以其他活动，想方设法激发用户产生关联消费。后续线上的粉丝运营、定期活动、内容互动等对于用户留存也至关重要，这部分内容将在第七章第二节"如何玩好微信自媒体"中详细阐述。

第二节　随手拍分享

当自拍分享成为一种潮流，餐前自拍、每上一道菜来个特写、餐后再集体合影，已经成为大部分年轻一族刷存在感、"装逼格"的常见方式。

而消费者这一自拍分享的习惯，让很多餐厅嗅到了营销的机会，于是他们纷纷在环境、菜品、活动上大做文章，希望吸引每个进店的顾客自发地为餐厅做上一轮免费的自媒体宣传，说不定哪天餐厅就这么火了。因为他们坚信：消费者口碑的力量胜过任何其他渠道的广告效果。

那么，餐厅该怎样吸引消费者参与"随手拍分享"呢？不妨从以下三方面入手。

一、打造让用户有自拍冲动的场景

只要抓住用户自拍的心理："装逼格、刷存在感、秀恩爱"等，餐厅老板就不难找出激发用户拍照冲动的关键点，然后再根据餐厅的品牌定位，挖掘一个具有差异化特性的切入点，进行合理的场景塑造。

（1）适合拍照的场景：设置一些适合拍照的好玩背景、道具，是餐厅激发用户随手拍分享的重要方法。

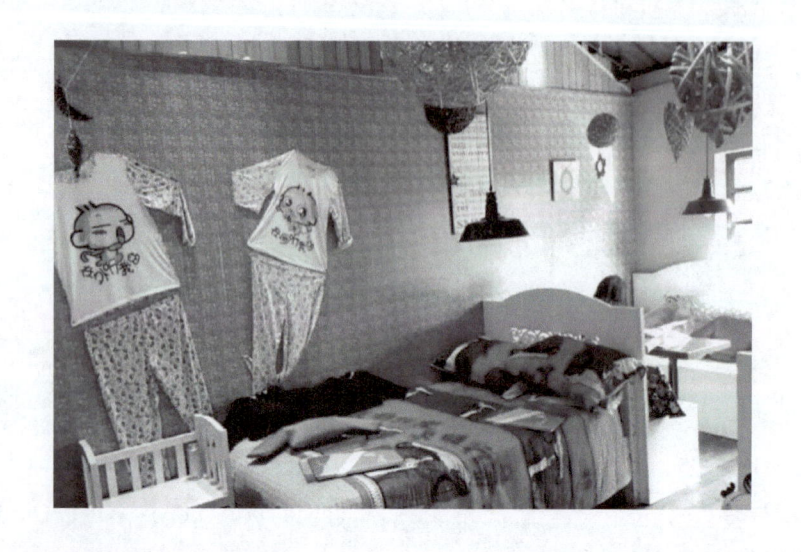

例如，"ta和谁上了床"是上海一间意面餐厅，除了名字显得暧昧和出格以外，店内的装修设计都以"床"为主题。踏进这间餐厅，你会发现到处都是床，各种单人床、双人床、蚊帐、婴儿床。这些新奇的设计很容易激发消费者拍照的冲动，特别是大厅中央那张立起来的双人床，是消费者最喜欢的拍照道具，每到用餐时间，这里经常都站满人排队拍照。

（2）特色主题鲜明：能一眼分辨出和别的餐厅不同的特点，会增强消费者拍照的欲望和分享的热情，这是主题餐厅常用的方式。

由一家专业包装公司打造的跨界成功案例——"纸箱王"主题餐厅，一直是很多消费者喜欢的拍照环境。该餐厅的所有桌椅摆设都是由纸箱制作而成的，且保证每个餐厅的主题特色都不同。在这里吃饭，用户仿佛置身于一个天马行空的幻想世界中，好奇心和童心被瞬间唤醒，怎会不拿起手机拍上两张，再在朋友圈里晒一晒？

二、营造与众不同的用餐体验

随着社交技术的革新，如今的社交网络不再满足于分享照片，一个有趣的短视频有时候更能吸引人。餐厅想要消费者免费为他们进行拍照分享，甚至拍摄小视频，那就得在用餐体验上多下工夫。

（1）变着花样的点菜：让点菜和上菜变得好玩，是打动消费者进行主动分享的好方式。

成都有一家以教室为主题的火锅店，目标消费群是80后、90后。餐厅的装修谈不上精致，但"教室"的元素让餐厅充满了年少青春的怀旧味道。最能体现特色的便是他们家的菜单，以考卷的形式呈现在消费者面前，让消费者在点餐的过程中，仿佛回到了读书的岁月，切合主题而又十分新颖。面对这样有趣的点菜方式，大部分消费者几乎都忍不住拍一张照片分享到朋友圈。

天津快板是全国闻名的非物质文化遗产。很多天津菜馆也以此为特色，将其融入上菜环节。由一名或多名上菜员手拿快板，一边介绍菜品特色和故事，一边打着快板。这样有特色的上菜方式也被很多消费者拍成小视频分享到的社交朋友圈。

（2）精致的菜品摆盘：在菜品摆盘上下工夫，是引导消费者自拍的另一个好方法。如下图这些精致的美味，就总能引发顾客分享的冲动。

（3）有特色的表演：很多餐厅为了吸引客户，引入了很多特色表演。最常见的有驻场表演、四川变脸、粤剧、魔术、相声等。

"57°湘"打造的快乐主题文化中，最让人津津乐道的就是其会跳舞的厨师。每当用餐高峰期，他们都会身着厨师服、戴上墨镜，在走道上表演激情"炒手舞"，跟随着欢快的音乐节奏，让客户在猎奇之余很自然放松心情，引起向朋友圈分享短视频的冲动，如上图所示。

扫二维码观看视频

三、用赠品引诱消费者分享

对于无法短时间内在特色场景和点菜形式上做改造的餐厅,"赠品引诱拍照分享"是一个不错的方法。

1. 拍照分享有赠品

成都的"牛仔港"火锅有一个长期的活动:只要消费者在店内进行拍照分享到朋友圈,就能获得一罐加多宝凉茶,而且其他酒水全免费。这样的赠品自然吸引了大批顾客免费拍照分享。作为火锅这么一个容易上火的餐品,商家选择只送一罐凉茶也是暗藏了"心机",餐厅预计其他一起用餐的朋友肯定会每人点上一罐凉茶。当然,拍照需要有规则限制,如必须加上店名,照片中需要含美食、餐厅LOGO等元素,以免做一些无价值的宣传,浪费了营销成本。

2. 分享集赞有优惠

引导消费者自拍的同时,鼓励他们去获取朋友的"赞"也是一种很好的方法。店家设置一个集赞标准,让达到标准的消费者在消费时享受更加优惠的价格,或者获赠一些礼品,如现金券、品尝券、折扣券等,还能促进二次消费。

【鹤九提示】

餐厅在诱导消费者进行"随手拍分享"时,一定也要意识到其中的隐患,一旦消费者对餐厅服务、菜品等方面有不满,也可以通过同样的方式给餐厅抹黑。因此,餐厅一定要在菜品、服务、环境等各个环节狠下工夫,塑造有特色、美好的正面餐厅形象呈现给消费者。

第三节 吃货"霸王餐"

霸王餐，原指吃饭不给钱的行为，后被餐厅加以利用成为吸引客流的营销手段，也称之为"免单"。通常，餐厅会设置一个相对公平的活动规则，在参与活动的消费者当中选取一定比例的幸运者，给予一次免费用餐的机会。

与一般的打折活动相比，"霸王餐"让利幅度更大，因此对顾客的吸引力也会更大，它能在短时间内帮餐厅聚集人气；同时，借助互联网社交圈进行传播和推广，对线上品牌传播与线下餐厅导流作用也都非常明显。

长沙海鲜自助餐厅　穿比基尼吃饭就免单

2013年，湖南长沙一间名为"金香鲍"的自助餐厅要求服务员必须穿比基尼迎客，同时还推出了"穿比基尼吃饭免单"的活动。此消息一出，迅速引起了不少年轻都市白领和媒体的关注。

据"金香鲍"的负责人表示，餐厅的特色是海鲜主题，服务员穿上比基尼进行服务，甚至顾客穿上比基尼用餐都能更好地配合阳光、沙滩、海岸、热浪的装修风格，为食客们营造如同在海滩就餐的氛围。

为了让更多消费者更好地接受这一特色就餐形式及氛围，餐厅特意举办了"穿比基尼吃饭免单"活动：凡是穿着比基尼进店用餐的顾客，即可享受当次消费免

单的优惠。餐厅希望借助"霸王餐"的诱惑，让更多消费者参与到餐厅氛围的营造过程中。

餐厅负责人认为，长沙是一个相对开放的城市，选择这样的城市来开展"穿比基尼吃饭免单"活动是可行的，既避免了因消费者抵触比基尼用餐形式而无人参与活动的尴尬，又将免单活动的参与人数及活跃度把握在餐厅可控的范围之内，有效地避免了可能出现的亏损情况。

果不其然，活动开始没多久便得到了食客们的响应，不少穿着比基尼的年轻女子闻讯前来享用"霸王餐"，这其中不仅有职场白领，还有来自好几所大学的女大学生。借助"比基尼美女服务员"、"穿比基尼用餐"、"吃货霸王餐"等噱头十足的话题，"金香鲍"餐厅的品牌很快传遍整个长沙，各大媒体也竞相报道。

这个案例中的海鲜自助餐厅，通过巨星"霸王餐"活动，不仅吸引到了客流，更凭借"比基尼美女"的噱头引发关注与热议，获得大量的"曝光"。而这其中的关键，就是设计一个与餐厅主题相吻合的"霸王餐"活动。那么，餐厅在开展"霸王餐"活动过程中，究竟需注意哪些问题？

一、两种筛选方式各有侧重

与打折促销的让利方式不同，"霸王餐"的名额通常有限，如何筛选"霸王餐"免费体验者，就成为餐厅与消费者互动的关键一环，它会直接影响用户的参与度。根据筛选渠道的不同，通常将"霸王餐"筛选方式分为线上和线下两种。

1）线下筛选，更侧重引流

传统的线下筛选方式，要么采取现场抽签、猜拳、大转盘、敲金蛋等有一定趣味性的方式，要么采用案例中描述的"穿比基尼用餐"等有一定争议性的方式，其核心目的是吸引周边消费者进店消费，为餐厅引流。当然这种带有娱乐性的筛选方式，也能引发一定的话题传播，无形中宣传餐厅品牌。

2）线上筛选，更侧重传播

在社交网络发达的今天，更多餐厅倾向于线上筛选"霸王餐"免费体验者。

通过欢乐答题、抽奖、投票、集赞游戏等方式，筛选出有资格吃"霸王餐"的用户。借助互联网工具，这些极具诱惑力的免单活动，配合线上有趣的游戏环节，很容易引起全城人的关注，并触发免费传播。但这种方式的筛选时间较长，锁定的用户无法准确到周边区域，较难吸引那些没有获得"免单"资格且离餐厅较远的用户到店消费，因此主要侧重于品牌知名度的传播。

二、正确的时间推出活动

通常，"霸王餐"活动有以下三个目的：①通过活动吸引客户到店消费；②增加品牌曝光度，提升餐厅认知度；③为新店开业、新品上市造势。

基于以上目的，餐厅适合在新店开业、新品上市、市场淡季、节日促销、周年庆的时候展开这类活动。除此之外，餐厅也可以考虑定期举行"霸王餐"活动，冠以"美食文化节"的名号，将其打造成餐厅每年必搞的特色活动，为餐厅带来持续的关注和曝光。

三、根据活动目的针对性推广

以往餐厅举办"霸王餐"活动时，通常会采取派发传单、贴海报等地推方式进行宣传。而在移动互联网时代，不仅自家的官方微博、微信可以用上，还可借力当地美食自媒体进行线上推广。当然，两种宣传手段全部用上，"霸王餐"活动的参与度自然会更高。但每个餐厅应根据实际需求，合理控制成本预算，量力而行，有针对性地选择推广手段。

若餐厅以品牌宣传和曝光为主要目的，那么可精选本地美食类自媒体进行活动宣传，能快速将"霸王餐"活动传达给潜在用户。同时，在"霸王餐"体验者筛选方式中，可以线上筛选为主，这样更有利于品牌的宣传，形成病毒式传播。

若餐厅以引流为目的，希望通过活动吸引更多人进店消费，那么线上的推广可主要以官方微信、微博等自有平台为主，减少对本地美食类自媒体方面的投入，甚至可忽略不计，将推广重心放在线下3公里范围内的地推上，以宣传单、海报等传统方式来推广活动信息。同时，在"霸王餐"体验者筛选方式中，可采用线下筛选方式，高效有趣且可视化，更能提高消费者到店的几率，提升餐厅营业额。

【鹤九提示】

不论餐厅选择何种筛选方式、推广方式，都应该结合餐厅的实际情况进行设计。对"霸王餐"体验者的数量应严格控制，切勿为追求活动效果而不设上限。同时，餐厅需严格保证菜品质量和服务质量，若因活动的大范围宣传而将餐厅某个方面的缺陷放大曝光，那将得不偿失。

第四节　消费送礼

面对日趋激烈的市场竞争，打折促销已成为餐厅常见的营销手段，但这种方式面临一个很尴尬的局面：若折扣幅度太大，会直接降低餐厅利润，甚至拉低整个餐厅的档次；若让利幅度太小，对用户的吸引力又不够，达不到预期的效果。而"消费送礼"因不影响原有餐厅菜品定价，将让利空间折算成实物"礼品"，是有效避免打折尴尬的重要方法之一。

"消费送礼"并不是一件新鲜的事情，如消费指定金额赠送饮料酒水或现金券等，对于提高餐厅客单价和重复购买率都有一定的作用。但这类初级的"赠礼"如今已然落伍，现在标榜个性的新一代消费群，基本上已经厌倦了这种老套的方式。

真正高明的"礼品"玩法已经超越单纯的菜品范畴，往往与时下热点、品牌文化紧密结合，十足的新鲜感和创意能一次次吊起消费者胃口，刺激重复消费。我们且来看看以下三个餐饮品牌是怎么玩的。

案例一：麦当劳——点套餐送玩具的鼻祖

作为快餐界买套餐送玩具的鼻祖，"麦当劳"早在1979年就推出了"开心乐园餐"，并开启了"麦当劳"玩具营销的先河。只要消费者购买这个套餐，即可免费领取"麦当劳"定制的玩具1份。1990年，"麦当劳"初次进入中国市场，在深圳市解放路开了第一家门店，同时带来的还有"开心乐园餐"和它惯用的"点餐送玩具"活动。

对于很多生长于一二线城市的80后、90后,"麦当劳"的"开心乐园套餐"就是他们童年的一个缩影。每次央求大人们进"麦当劳"吃"洋快餐",就是为了获得他们定期更换的正品玩具,如史努比、机器猫、蓝精灵、小黄人、Hello Kitty、小丸子、马里奥、七龙珠、火影忍者等,这些在其他地方花钱也未必能买到的玩具,是"麦当劳"叔叔吸引他们的招牌!

即便每年流行的卡通形象都在改变,然而不变的是,这些全世界最受欢迎的卡通形象都可以在"麦当劳"获得。而且和市面上动辄几十几百元、甚至上千元的卡通玩具相比较,麦当劳的这些正品玩具可谓相当便宜,消费者只需要购买一份指定的套餐,就能获得一个心仪的玩具,吸引力可谓巨大。

据有关数据统计,"麦当劳"进入中国26年来,共带来了2000多款套餐玩具。其中,Hello Kitty 系列在中国已经售出超过1600万个。在2007年、2008年,"麦当劳"的大头狗、ABC熊甚至刮起了排队收藏的热潮。2014年"麦当劳"在中国的玩具销售数量是3500万份。这意味着,如果以每份玩具10元来计算,2014年仅玩具这一项,就为"麦当劳"贡献了3亿元的销售额。由此看来,"麦当劳牌玩具"不仅是一种吸引用户的营销手段,为"麦当劳"的业绩作出巨大的贡献,还是传递"麦当劳"快乐品牌文化的载体,更是一种餐饮跨界玩具领域的成功尝试。

【点评】

"麦当劳"选择赠品玩具的方式非常直接,几乎每一年流行什么动漫形象,麦当劳就赠送什么玩具。"麦当劳"此举,换成当下热门说法就是"IP",即跨界借势热门IP,如电影、动漫、热点事件等,打造专属餐厅的赠品,并将此作为"消费送礼"的重要元素,塑造餐厅营销的差异性和吸引力,吸引更多用户参与活动。

案例二：肯德基——跨界赠送网游礼品

作为"麦当劳"最强劲的对手，"肯德基"在礼品赠送方面也颇有心得。除了跟风推出赠送玩具的套餐以外，"肯德基"在2015年9月联手当时最火爆的网络游戏LOL（英雄联盟），开设"英雄联盟"主题餐厅，并推出游戏主题套餐。活动期间消费者只要购买主题套餐，不仅能得到游戏玩具，还能免费获得一张"LOL闪卡"。

拥有这张卡就拥有一次抽取游戏礼包的机会，用户便有机会免费获得游戏人物的"永久性皮肤"和"期限性皮肤"。对于游戏用户来讲，用餐的同时，还能免费获得至少一段时间的皮肤使用权，比花费几十元去购买一款皮肤来得划算。而且皮肤的赠送方式采取随机抽取，在"100%中奖"的吸引力下，消费者自然乐意参加。

据统计，目前"英雄联盟"是全球范围内最受欢迎的网游，在国内拥有超过3000万的用户，且多为年轻消费者，这与"肯德基"的目标客群十分一致。"肯德基"此举，一方面提高了终端消费者的满意度，另一方面提高了品牌在目标受众群中的曝光率，吸引更多玩"英雄联盟"游戏的用户进店用餐。

【点评】

"肯德基"的"消费送礼"整合了异业资源，瞄准了目标受众一致或者大量重合的游戏行业，且抓住了有着大量用户群的热门游戏，不可谓不高明。这与前两年温州某商业圈的二十余家不同品类的餐厅发起的一场联合营销十分相似，消费者在某咖啡馆消费可以获得附近商圈某川菜馆的优惠券，而在川菜馆消费也能获得寿司店的赠品券，这样餐厅既在重合的消费群中获得多次曝光的机会，又能吸引一批"互补"新客进店消费。

案例三：星巴克——小种子的大能量

韩国是世界上最爱喝咖啡的国家之一。这个仅有5000万人口的国家，每年光是一次性咖啡杯就要消耗掉近3亿个。但大多数人并没有意识到，这3亿个一次性咖啡杯所带来的环境问题，及其所蕴含的神奇作用。韩国"星巴克"决定帮助人们认识这一点，于是策划了一起"用外带咖啡杯做一个小花园"的活动。

活动期间，凡在韩国星巴克购买咖啡外带，就会随纸杯托附赠一包种子以及混合了咖啡渣的种植土。通过扫描纸杯托上的二维码，顾客可以学会一套有趣的种植方法：用咖啡杯上下杯盖做成一个小花盆，将赠送的种植土倒入其中，并在种入种子后定期浇灌适量的水，一段时间后一盆专属的小植物就会诞生。

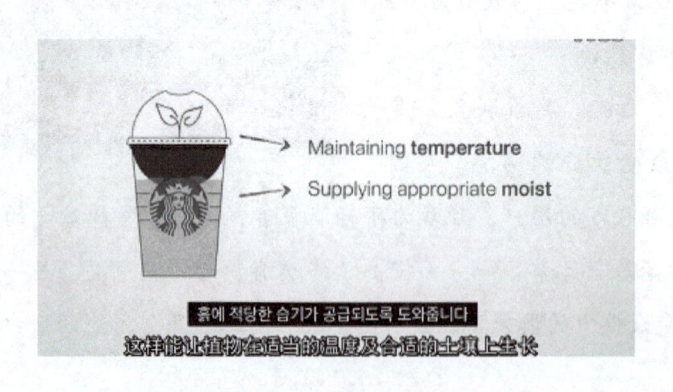

这样有趣的活动自然吸引了很多顾客的眼球，也获得了大量的支持。人们只需花费短短几分钟的时间，就能完成这个可爱的小花盆。几天后，顾客亲手种下的植物就会在小花盆里茁壮成长。看着这些成长的小植物，一种莫名的感动也像植物般在顾客心中萌芽。许多顾客开始悉心照料这些小植物，并自发地将自己和植物的合照放到社交网络上。在网络上流传的自拍照产生连锁反应，并逐渐形成了一种社会风潮，吸引越来越多的人加入到种植小花盆的活动中来。

如今，这项从韩国发起的活动已经风靡全球。据"星巴克"公布的数据显示，活动共吸引了全球51个国家共计9.7亿人参与，对于品牌的曝光效果十分惊人！

【点评】

在"消费赠礼"的玩法上,很显然"星巴克"赠送的种子更具"心机"。它专门设计了一个页面,教消费者如何种植自己的小植物,并引导消费者将其分享到网络上,为活动和品牌做宣传。相比于其他餐厅赠送的赠品,消费者亲手种下植物,倾注了浇灌的热情,显然更具意义。因此,餐厅可在如何调动用户动手参与上多思考,让赠品并不仅仅是一个赠品,而是使之成为一次有趣的体验经历。如此,不仅能传递积极向上的餐厅文化,更能与顾客形成长期有效的互动。

当"消费送礼"已成为市场的惯用招数,餐厅想要在同质化的送礼中凸显出来,就需要在礼品创意上多下工夫。如何打造出有特色、有文化、又能与热点结合的礼品?不妨从以下3个角度进行尝试:

(1)借势热门IP,打造跨界礼品;

(2)异业合作,拿别人的礼品来送;

(3)创意小赠品,调动顾客动手能力。

第五节　任务游戏

如今餐厅主流消费群趋向年轻化，80后、90后、00后的年轻人具有很强的猎奇心理，诸如竞技类、冒险类、人物类等有趣的游戏往往更能博得他们的青睐。对此，餐厅可通过设置"任务游戏"来加强与顾客之间的互动，通过利益捆绑吸引用户积极参与，并在游戏中适当植入餐厅品牌文化，在提高顾客满意度的同时，获得品牌价值的强化与知名度的提升。

通常，任务游戏会因时间不同而设置不同的主题和内容，如最新流行的情人节接吻比赛、父亲节"炫父"、餐厅"时时摇、时时中"、折纸鹤抵消费、有奖问答等游戏，都是在特定的时间或场景发生，然而有用得好的，也不乏把握不准出岔子的案例。那么，这些任务游戏有没有一些共性可循？餐厅举办类似游戏时又有什么可参考的？

一、游戏衔接品牌文化，引流又吸睛

餐厅在设置任务游戏活动时，通常会与优惠挂钩，自然能引来不少客流，毕竟既好玩又优惠的事情没几个人会拒绝。但具有品牌意识的餐厅，除了在优惠环节上设置"诱饵"外，还会想方设法在任务游戏中加入独特的品牌内涵，融入餐厅品牌文化和理念，将其打造成品牌的传播载体，而不只是引流的工具。

"小猪猪"烤肉店"为素颜小猪猪上个妆"

在2015年的"六一"儿童节期间，定位为"史上最萌烤肉店"的"小猪猪"烤肉店举办了一场独具创意的任务游戏活动，受到数千粉丝的追捧。

游戏规则如下：6月1-7日，凡到"小猪猪"烤肉店就餐的顾客，皆可根据自己的创意，用水彩笔给"小猪猪"LOGO填色上妆，然后给填好的图画拍照，并连同自己的"姓名+电话+就餐门店"信息内容发送至"小猪猪"烤肉店微信公众号，即可参与投票活动。

6月8-10日，"小猪猪"烤肉店公众号会选取部分作品上传微信平台，让网友们进行投票。8月11日，票选得出前十名作品，其中第一名可获得价值286元

的四人餐，第二名可获价值186元的双人餐，其他八名获奖者则可获100元"小猪猪朋友券"。

在"六一"儿童节这个充满童真童趣的节日里，除了可爱的小朋友，当下爱卖萌的"大朋友们"更是餐厅的重要目标。由于"小猪猪"烤肉店的游戏时间选择正中目标人群的下怀，加上童心未泯的精妙创意和简单易操作的参与方法，自然吸引了不少大人和孩子的热情互动。

"小猪猪"烤肉店一直将目标消费人群牢牢锁定为年轻人，尤其是女性顾客，不论是餐厅的装修风格，还是菜品的结构，甚至服务员的选择，都充分围绕"呆萌"来做文章，简直能将顾客"萌出血"来。此次儿童节游戏活动，不仅十分吻合"小猪猪"烤肉店的品牌定位，也满足了年轻消费者的需求。

除了趣味的游戏环节、诱人的奖品设置，以及新媒体渠道的助推，这场游戏中最大的亮点，便是"小猪猪"LOGO的巧妙融入。因为与品牌形象巧妙结合，这场互动游戏才更具意义。伴随游戏的每一次互动与传播，都使的消费者对"小猪猪"烤肉店的品牌印象不断加深。

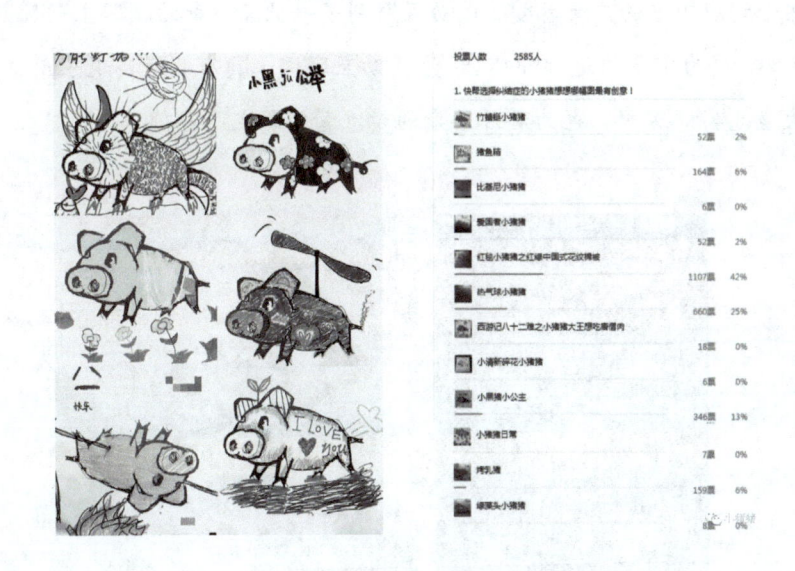

二、借力互联网工具，将游戏线上与线下结合

互联网既高效又精准的传播特征，是传统传播渠道所不具备的，若能将餐厅

的任务游戏与互联网结合,做到线上与线下充分联动,那么游戏影响的对象将不只是餐厅用餐的顾客,而是整个互联网环境里的用户。

"呷哺呷哺 520 甜蜜出击"手机摇一摇中大奖

2015 年 5 月 20 日,"呷哺呷哺"借助 iBeacon 技术发起了"520 甜蜜出击"的活动,即食客在指定时间内由餐厅营业员组织一起用手机"摇一摇"功能,便可"摇"出餐厅大奖。

从 4 月 25 日到 5 月 20 日,"呷哺呷哺"拟送出 80 万份礼物。每天从 10 点 20 分至 20 点 20 分这 10 个小时之间,"呷哺呷哺"旗下的 500 家门店相互联动,顾客每小时都能摇一次奖,真正意义上做到"时时摇、时时中"。为了吸引更多消费者参与,"呷哺呷哺"甚至推出了浪漫爱琴海旅游基金、iPad mini、拍立得等重磅级奖品,吸睛指数瞬间飙升!

众所周知,继羊年春晚与微信合作开展"摇一摇"抢红包活动后,2015 上半年简直就成了"摇一摇"的天下,"呷哺呷哺"采用的互动游戏恰好迎合了潮流,自然受到消费者的广泛喜爱,成功吸引到了一批又一批的顾客上门玩起"摇一摇"游戏。更为重要的是,"呷哺呷哺"借助互联网工具有效地实现了用户沉淀,获得了大量忠实的客户,也为餐厅后期的精准营销奠定了基础。

如今，像"呷哺呷哺"这样借助互联网工具进行任务游戏设置已非常流行，一方面通过话题借势借热，更容易获得较高的参与度和关注度，形成口碑传播；另一方面借力互联网技术，在用户玩游戏的过程中逐步累积起一个庞大的用户信息数据库，为后续的精准营销做准备。

当然，对于初次或较少举办任务游戏的餐厅，尤其预算并不充裕的情况下，建议以现成的任务游戏为主，类似常规的"摇一摇"、"大转盘"等。对于有条件的企业，可自主研发新游戏，并充分结合热点、品牌文化等进行定制，使游戏的话题性、差异性及吸引力更强。

例如，2014年夏天，从美国兴起的"冰桶挑战"游戏风靡全球，当传到中国时，国内某些领域的一些代表人物也相继参与了游戏，这其中比较有代表性的有"腾讯"马化腾、"小米"雷军、明星刘德华等。当事件正在风口浪尖之时，互联网坚果品牌"新农哥"不仅在公司内部参与了"冰桶挑战"游戏，且借势开发了一款基于传统"打地鼠"游戏原理的新游戏"冰桶挑战"，分别将马化腾、雷军、刘德华的头像作为被浇对象，由于游戏借热及时、趣味性十足，迅速在微信上引起了广泛关注和参与，"新农哥"主打的"投身冰桶挑战，与世界一起参与慈善"

口号，也随着游戏被广泛传播，品牌关注度和美誉度大幅上升。

三、游戏规则及工具设置简易，提升顾客参与度

简单、一目了然的游戏规则设置，不仅免去了餐厅向消费者解释游戏规则、示范玩法等烦琐的步骤，也直接提升了顾客的参与度。像"小猪猪"的"为素颜小猪猪上妆"只需要用水彩笔上妆填图，拍照并发送个人信息即可，"呷哺呷哺"的"摇一摇"游戏只需拿出手机点开微信摇一摇即可参与，"新农哥"的"冰桶挑战"游戏也完全属于傻瓜式操作，都没有任何技术含量。

第六节 拉帮结派

"麦当劳"和"肯德基"的"第二杯半价"已经是餐饮业内耳熟能详的活动，撇开成本、利润不谈，"第二杯半价"带给企业的不仅是营业额的提升，还有"人气"的增长！

这种通过设定一定的优惠折扣、赠品等方式促使客户二次消费，特别是带上亲朋好友进行团体消费的互动方式，就是本节要介绍的餐厅互动方式之一"拉帮结派"，它是现代餐厅提高人气、降低边际成本的有力武器之一。

深圳"HEY YO 喜乳酪"拉帮"劫"派享优惠

2014年12月7日，深圳"HEY YO 喜乳酪"基于"快乐、幸福"的品牌核心价值，由官方微博发出#最幸福甜蜜瞬间#话题，配以6张手绘创意海报，融入生活中各种幸福快乐情节，迅速引爆话题，并借助*@美食控_Nancy*、*@潮尚深圳*、*@我的前任是极品*等微博自媒体"大V"进行转发，引发广大粉丝纷纷讨论和围观。

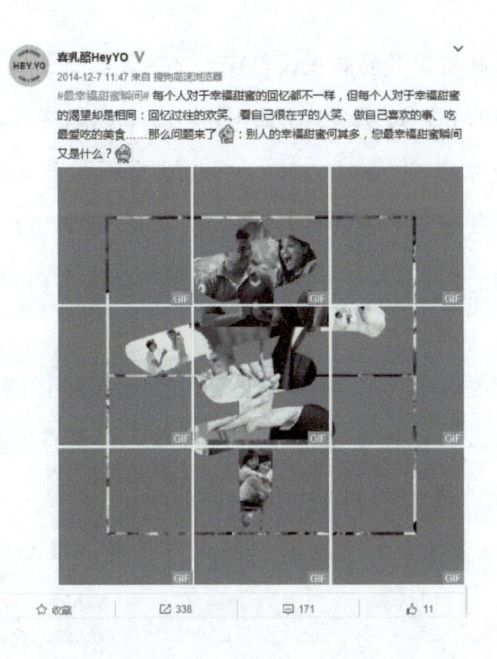

6张主形象创意海报分别围绕暗恋篇、工作篇、生活篇、纪念篇、失恋篇、异乡篇6个主题连续3天发出，其中暗恋篇借力当时热播电影《匆匆那年》，引发官方微博@匆匆那年电影官方微博转发和评论，将话题推上另一个高峰，最终《美食之窗》杂志 编辑@美食妞地盘自发参与了话题讨论。

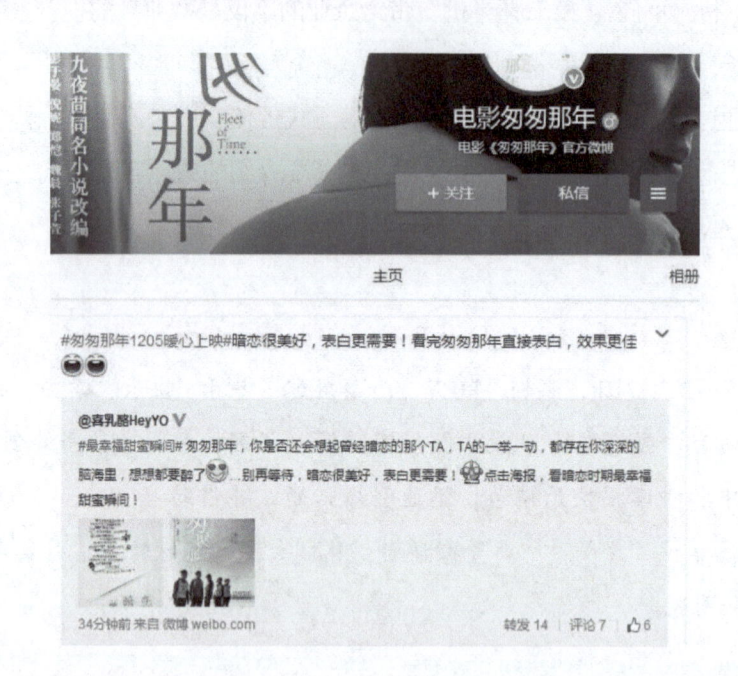

利用官方平台前期积累的热度，"HEY YO 喜乳酪"随后推出新店开业的拉帮"劫"派活动：2014年12月12日至12月15日，顾客可以带上闺蜜到"HEY YO 喜乳酪"深圳万象城店、福田 COCO Park 店自拍或者合影分享至微博/微信，拍照的人数越多，当场可兑换的折扣就越高。活动规定，1～3人自拍或合影分享可享受8折优惠；4～5人合影分享可享受7折优惠；6人及以上者合影分享可享受6折优惠。

同时，该餐厅整合官方微博和微信两大平台推出12月12日万象城开业信息，以300元代金券和#拉帮劫派#活动内容，引发粉丝疯狂转发和分享，使得活动在开业前一个星期便持续升温。开业当天更是人气爆棚，各种带有品牌LOGO或店面形象的合影图在朋友圈疯狂传播，极大提高了品牌曝光度和知名度。

透过以上案例，我们不难发现，"HEY YO 喜乳酪"的拉帮"劫"派的互动方式，充分抓住了"闺蜜们"喜欢分享美食、拍照片晒朋友圈等行为习惯，因此能激发她们参与的热情。那么，餐厅究竟该如何展开"拉帮结派"活动？

一、前期预热宣传，聚集用户关注点

"拉帮结派"活动需要较高的人气支持，否则单凭少数人的转发与宣传难以达到理想的效果，因此前期的预热宣传非常重要。

一方面，可由餐厅官方平台发起话题讨论，这样的话题最好是目标受众喜闻乐见的话题，起码要能吸引他们的关注和参与；另一方面可借势时下热点事件进行宣传，像"HEY YO 喜乳酪"先是发起"最幸福甜蜜瞬间"话题讨论，吸引住女性粉丝们的关注，同时借势热门电影《匆匆那年》进行创意，抓住了公众关注的焦点，并通过线上的互动，吸引部分电影粉丝对品牌的关注。

前期预热的目的是为了聚焦新老粉丝的关注，为后续"拉帮结派"活动的上场做好铺垫。当粉丝的关注点转移到品牌时，趁势爆料"拉帮结派"的消息，自然能起到很好的引流作用。

二、明确游戏规则，营造融洽的互动氛围

总有一些餐厅喜欢玩文字游戏，利用文字的表面意思吸引顾客上门，消费时却曲解其意，最后导致双方都不愉快，商家因小利砸了自家招牌。这种目光短浅的行为是餐厅经营中的大忌。

因此，在每次举办"拉帮结派"活动前，商家有责任将活动规则明确，并清晰地传达给顾客，避免在消费过程中产生误会，破坏活动本该营造出的愉悦气氛。像"HEY YO 喜乳酪"将到店消费的人数与对应可享受的折扣都以数字的形式明确标识出来，并且活动的参与方式是"拍照并分享"至微信朋友圈，游戏规则一目了然。

三、借助社交媒体，让传播变得事半功倍

不难发现，"HEY YO 喜乳酪"的拉帮"劫"派活动在宣传过程中，充分借助了微博、微信等社交媒体的力量，尤其对本地美食类、生活类自媒体意见领袖的整合，是这场拉帮"劫"派活动得以成功的关键。

在互联网时代，人人都是一个独立的自媒体，而每个人又都有自己的社交圈，这就像一副多米诺骨牌，一旦引爆了其中一个点，其他的点也会随之引爆。关于微博、微信等自媒体怎么玩，会在第七章做详细阐述。

第七节 特色表演

如今，人们进餐厅消费，已不再单纯满足于"口腹之欲"，餐厅的服务、环境、氛围、特色等因素也越来越影响人们消费的选择，于是"特色表演"正成为餐厅打造特色标签、吸引顾客进店消费的重要手段之一。

特色表演的形式多种多样，像之前多在酒吧出现的音乐表演，现在也被越来越多的主题餐厅奉为压轴戏，如成都的"大妙火锅"引进川剧变脸、北京的"邓丽君音乐主题餐厅"培训全职"爱君乐队"、上海的"鱼乐水产"师傅们上演飞鱼秀等。

然而，是不是每一个特色表演都适合自家餐厅？餐厅在引进或创新特色表演时应当注意些什么？

一、结合品牌定位，选择能凸显品牌文化的表演

每家餐厅创立之初，创始人都不得不考虑的一点便是自身品牌的定位，这直接影响到餐厅后续要为哪些人服务。同理，在餐厅开展特色表演时，应当充分结合餐厅的品牌定位，针对餐厅的目标受众，选择既能让消费者感兴趣，又能体现品牌文化的节目，唯有如此才能牢牢地抓住餐厅的"忠实粉丝"。

例如,"邓丽君音乐主题餐厅"是为纪念邓丽君而创立的,面向的消费群体大部分都是邓丽君的粉丝。据了解,餐厅经理郑荣斌也是邓丽君的崇拜者,所以他们在引入驻唱表演形式时,坚持要求表演应以模仿邓丽君为主,并由此成立了一支音乐团队——爱君艺术团,每个乐手都是餐厅聘请的全职演唱员工。除此之外,餐厅还专门为团队成员制订了长期的培训计划,力求让爱君艺术团的模仿表演达到专业级别,从而保证餐厅推出的表演更加贴近邓丽君主题,让顾客的每一次消费体验都能感受到邓丽君的经典。

"邓丽君音乐主题餐厅"既然是以邓丽君为主题,那么餐厅在引进驻唱表演形式时,就应当以邓丽君表演模式及内容为优先考虑,甚至作为唯一考虑也不为过。倘若餐厅选择跟风潮流,演奏时下新曲,反而会显得与餐厅主题格格不入。

真正高明的特色表演是将其打造成餐厅独一无二的标识,形成特色表演节目,并与品牌形成强关联性,让表演成为品牌文化的输出口,成为餐厅品牌文化的重要组成部分。

二、合理设计表演空间,切忌主次不分

既然是表演,自然需要舞台,然而你的餐厅是否具备了搭建舞台的条件?

还是拿驻唱来说吧,很多餐厅都喜欢用驻唱这种方式来营造用餐氛围。然而驻唱不单单是聘请歌手就完事了,还需要从餐厅的结构设计和视觉设计上下些工夫,才能使演唱效果更完美,譬如餐厅内驻唱舞台的占地比例及位置等。

试想，若餐厅里的驻唱舞台安放在某个僻静的角落，无法让大部分就餐客人都观赏得到，那又如何营造驻唱表演应有的效果？倘若是"店中店"模式，商场里租来的店面本就寸土寸金，若设置了比例过大的舞台，势必会缩减用餐区面积，降低餐厅的营业收入。

例如，成都"大妙火锅"的店面设计者在设计之初，就对火锅店的空间进行了重新整理，形成了完整的围合式中庭空间，并在端墙处加入了舞台的设计。另外，舞台打通了两层空间，让原本横向面积不算大的舞台因为纵向距离的拉伸而显得宽敞大气。

因此，除了餐厅引入的特色表演内容需要仔细斟酌外，餐厅内的结构布置与设计也需要进行细致的规划，这直接关系到表演场景是否匹配、气氛营造能否到位。准确分析餐厅的实际情况，合理设计与利用餐厅的空间，是餐厅在选择特色表演时应当重视的问题。

三、合理安排表演时间，周末等客流密集时段为佳

"物以稀为贵"这是谁都明白的道理，就像不少餐厅时常会推出限量供应的菜品一样，吊足了食客们的胃口。这一原理同样适用于餐厅的特色表演，让表演不是全天候都能看到，不是每天每个用户都能轻易看到的，是塑造"特色表演"价值的关键。

例如，广州"大龙凤鸡煲"开业后，选定了只在周末为顾客们献上精彩的粤剧表演。"大龙凤鸡煲"将传统的粤剧文化融入餐厅的经营中，除了餐厅装饰装潢呈现了浓浓的粤剧文化色彩外，餐厅的显示屏上还会播放无声的粤剧表演视频，到了人流密集的周末，便与粤剧团合作上演粤剧，因此吸引了不少围观的顾客，一定程度上提升了餐厅的知名度。

作为店中店的"大龙凤鸡煲"并没有足够的空间可以展示特色表演，于是借助门口资源来吸引来往的顾客，且选择在人流较为密集的周末才展开表演，既在一定程度上降低了表演的成本，又起到了极致的吸引和宣传效果。换言之，餐厅的特色表演要"物超所值"，可以利用周末街道或商场客流较多的时候，或者消费者即将用餐的时间开展表演，以便获得更多顾客的关注。

【鹤九提示】

特色表演节目有大小之分，却没有大小餐厅之分。有资金实力的大餐厅可以在表演的空间和场景上塑造特色，并引进一些大型的表演项目；经营面积小、品牌小甚至个体经营的餐厅，同样可以在"特色表演"上下工夫，比如在上菜仪式上采用"唱歌上菜"、"快板上菜"等，完全不需要花费太大成本就可以实现。

第八节　照片打印

当餐厅进驻购物中心、商业综合体等人流集中、租金贵的区域时，通常会合理压缩营业面积，但同时也会面临用餐高峰期顾客排队等位的情况。面对一排排饥肠辘辘专心候位的食客，餐厅老板必须想方设法留住这批极其不稳定的用户，而惯用的方法便是通过设置一些福利、免费试吃、游戏体验等环节，增强与用户之间的互动，转移其注意力。而在众多的互动方式当中，"照片打印"是近几年随着微信而诞生、颇受用户欢迎、且餐厅操作起来较为简单有效的方式之一。

"麓湘小镇"免费提供 3 次打印照片服务

2016 年 2 月 19 日，长沙开福万达广场 4 楼的"麓湘小镇"引进了一台照片打印机，可以为排队等位进店就餐的每位顾客提供 3 次免费打印手机照片的服务。当天中午，有消费者在餐厅门口等位，其中就有数位顾客围在照片打印机前，按照打印机上的提示耐心地操作着。

按照打印流程，消费者想通过这台机器打印一张手机照片，首先需要按商家要求关注2个微信公众号，接着发送打印照片的请求，再输入机器设备号，最后上传照片，等待45秒后才能开始打印。如无专业人员在旁指引，消费者要完成以上所有步骤，拿到一张打印好的照片至少需要5分钟左右。

尽管打印流程复杂，但仍吸引了不少年轻顾客的围观和参与。据餐厅人员介绍，自从引进了这台手机照片打印机，顾客们在等位的同时会认真挑选手机照片、完成打印。这一措施成功转移了消费者焦躁的等位情绪，使得等位顾客的"跑号率"明显降低，且餐厅的微信公众号粉丝量也直线上升。

那么，餐厅究竟该如何用好照片打印这一互动方式？笔者认为需从以下3个方面入手。

一、选择合适的照片打印机，打印效率并非关键

目前，市面上照片打印机种类多样，能满足不同消费场景对照片打印的需求。若是在展会现场，需要避免人流只在一处逗留、影响客流进入，此时选购照片打印机应以高效为主。

但在餐厅则恰好相反，因为绝大多数餐厅采购照片打印机，目的是为了提升等位区域顾客的耐心，让他们的排队时间在有趣的体验中度过，所以，对照片打印机的效率需求并不高，甚至烦琐一些也无妨。

换言之，餐厅在选择照片打印机时，应该更注重打印机的体验过程，而非打印效率，因此可以选择打印效果较为清晰、但操作流程和手续较为烦琐的机器。

二、明确打印机使用目的，针对餐厅需要设置打印服务

市场上的手机照片打印机的操作流程中一般都加入了"关注微信号"的流程，即用户需要先关注某个公众号，方能开始打印照片。因此，"照片免费打印"可作为餐厅吸引粉丝的有利手段，快速积累一批粉丝用户，为后续的微信营销推广奠定基础。

同时，照片打印纸上有一部分空白区域，可以承载餐厅的品牌形象广告和最

新的优惠活动,当用户向亲朋好友分享照片时,也同时在为餐厅做宣传。

此外,免费照片打印的机会也可作为餐厅的福利。例如,顾客可以凭借此前的消费小票享受一定数量的手机照片免费打印服务;或者在微信、微博分享用餐照片并@餐厅,则可获得一定数量的照片免费打印资格等,相对于老一套的现金抵用或菜品赠送方式,提供一定数量的照片免费打印服务效果也不错。毕竟在这个爱"秀"的时代,年轻消费者看重的不单是照片打印的服务价值,还有照片输出过程中的自我享受。

三、分析打印机成本与收益,合理选择购置方式

一台手机照片打印机的采购成本,以及持续的打印成本并不低,因此不是所有餐厅都愿意或者能承受的。对此,每个餐厅都应当根据自己的实际情况,合理选择引进方式。倘若餐厅排队等位现象频繁,且等待时间较长,建议购置一台照片打印机,以便长期为用户服务。但若不是这样,仅仅只为了餐厅开业引流或充当优惠奖励服务等,那么建议选择租赁的方式比较合适。

当然,市面上也有一些免费提供照片打印机服务的供应商,但这类供应商的目的很明确,即通过设备的免费提供,换取餐厅线下的用户粉丝,因为设备的大部分广告位都是供应商的微信广告,这样下来所有打印照片的用户都会关注他们的微信号,而对餐厅自身的粉丝积累没有任何帮助。因此,这样的免费合作模式,建议餐厅慎用。

第九节　打赏制

餐饮企业老板苦恼如何激励员工提升服务水平，以提高顾客回头率和餐厅美誉度。然而，顾客的满意对大多数餐厅员工而言犹如水中月镜中花，始终无法直接转换成激励员工的动力。那么，怎样更直接有效地激励员工主动提升服务？近几年兴起了一种创新模式"打赏制"，不仅可以让员工主动提升服务质量，更可以让用户踊跃地参与到互动中来，非常受餐饮老板和用户欢迎！

"很久以前"餐厅行业首创"打赏制"

餐饮行业中首推"打赏制"并且做得风生水起的企业当属"很久以前"餐厅。2015年8月，"很久以前"餐厅最先在北京簋街总店试推出"打赏"活动，受到广大消费顾客的认可与好评，目前该模式已被推广到旗下的所有门店。

"很久以前"餐厅给前厅员工，包括服务员、传菜工、保洁人员、炭火工，每人配置一张二维码胸牌，若顾客对服务人员的工作感到满意，可以通过手机微信扫描员工胸牌上的二维码进行"打赏"，每次支付的"打赏"金额为4元。顾客"打赏"的金额将直接转入员工微信账户，全部归员工所有。餐厅同时制定"打赏"规则，前厅员工不得向顾客主动索取"打赏"，向顾客介绍"打赏"活动也仅限一次。

因为"打赏"活动的兴起，"很久以前"餐厅吸引了不少好奇的顾客前来光顾。员工们为了能获得客人们的"打赏"，干起活来更有激情与干劲，服务质量也随之提升。当顾客的满意度大幅提升后，"打赏"制也推行得更加顺利。

"很久以前"餐厅的创始人宋吉认为，"打赏制"对员工、顾客以及企业都能带来良好的作用：

（1）对于员工而言，"打赏制"首先满足了员工对物质的需求。尽管单次"打赏"金额并不多，但长期工作累积得到的"打赏"却是相当丰厚的。其次，员工通过"打赏"也能够获得精神上的鼓励。顾客"打赏"的举动其实是对员工服务的认可，在这样直接的鼓励下，又有谁会没有激情继续提供辛勤的服务呢？

（2）对顾客而言，仅仅花费4块钱，连店里的一串烧烤都买不到，却能换来超值的贴心服务，何乐而不为？

（3）对企业管理者而言，"打赏制"更是一种让人省心省事的管理方法，不仅在一定程度上解决了一直以来让管理层为难的员工激励问题，也降低了不少餐厅风险。传统餐厅经营中最难处理好的便是消费者投诉，但随着"打赏制"的开展，员工服务质量的提高必然降低投诉率，长期困扰管理者的投诉问题也就迎刃而解了。

"很久以前"餐厅通过打赏制实现与消费用户的良好互动，充分调动了员工服务的积极性，让员工在对顾客的"打赏"期望中，不断提升服务质量，同时也增加了额外的收益。表面上看"打赏制"仅仅是一种营销工具的创新，但事实上是"很久以前"餐厅企业文化的延伸，因此餐饮企业老板在学习"打赏制"时，需注意以下三点。

一、金额规定，让顾客给得起、员工收得欢

"很久以前"的打赏金额固定为 4 元，这与企业制定的"四狠制度"有关，但从另一方面考虑，这也是对消费心理的一种把控，与那些以"9"为尾数的价格有异曲同工的效果。另外，这个打赏金额在消费者可承受的范围之内，对于员工而言也算是颇高的额外奖赏了。

因此，在设定打赏金额时，应当研究该金额是否会超过顾客的消费预期，又是否足够对员工起到激励的作用。

二、巧用工具，简化"打赏"程序

其实"打赏"并不是一种新的行为，在国外，甚至中国古代都出现过"打赏"这一行为，但为何现今在餐饮行业重新启用之后能获得意想不到的效果？这还要归功于电子支付时代的来临。因为电子支付的便捷性，让打赏行为变得方便而有趣。"很久以前"餐厅借助微信的"面对面收钱"功能，设定好金额，顾客只需要扫码再点击确定即可完成"打赏"，操作便捷，而且这些二维码是被印制成了员工胸牌挂在身上，扫码支付仿佛也多了一份乐趣。

但倘若店里采用的是现金"打赏"的形式，那情况可能就截然不同了。4元的"打赏费"对消费者来说略显寒碜，而且谁也不会时刻备着这么凑巧的零钱用于"打赏"，但若支付过多的"打赏费"，顾客心里也许该不是滋味了。

换言之，要想玩好"打赏制"，还需要借助电子支付工具进行推广，毕竟在这样的时代背景下，诸如微信"抢红包"一类的活动，人们更愿意享受电子支付过程中带来的乐趣，而不会过分注重过程中所花费的金钱。

此外，站在消费者角度考虑，餐厅需要提前设置固定的打赏金额，这不仅能简化支付程序，也免于让顾客陷入"打赏"金额该付多少的尴尬，造成"打赏"力度不一、员工服务态度不一的情况。

三、制度明确，避免"讨赏"搅局

"很久以前"餐厅在开展"打赏"活动的时候就明确规定，员工不得主动向客人索取"打赏"，介绍活动时更不可反复强调暗示。这是"打赏制"可能遭遇的较为严峻的问题，也是需要"打赏玩家"谨慎处理和规避的问题。

本来"打赏制"是以提升员工服务质量为目的，"打赏制"的基础是员工真正为顾客提供了令其满意的服务，而顾客"打赏"行为也是出于自愿，唯有如此才能真正达到餐厅服务质量提升的目的。倘若员工主动讨赏，且不论是否提供了优质的服务，单这种行为就必将遭到顾客的反感，进而影响餐厅形象，甚至有可能"赶走"顾客，那就得不偿失了。

因此，餐厅推行"打赏制"时，需要注意严格制定相关制度，明确"打赏"过程中哪些行为不被允许，必要时可以对员工行为进行监督考查并对违规行为加以惩戒。另外，餐厅在推行"打赏制"时还需要加强对员工的培训，例如，如何向客人介绍打赏活动，避免因语言上的疏漏或偏颇引起顾客的不满等。

"打赏制"不算是新颖的服务模式，但结合电子支付工具加以推广却是国内餐饮业的首度尝试。如何提升"打赏制"的可执行性，真正实现提高餐厅服务水平的目的，增强与消费者之间的互动，而不至于让"打赏制"沦为噱头，还需要广大餐饮人共同探讨。

第六章

炒作思维：营销造势经典八式

套用一句老话"会哭的孩子有奶吃",餐饮界"会发声的餐厅也才有生意"!

互联网信息碎片化之下,用户获取信息的成本大幅提升,餐饮品牌除了要练好基本功,用心做好产品外,也应当具备"炒作思维",适时向外界发发声,吆喝吆喝!本章阐述"营销造势"经典八式,分别为"借热点"、"挟大咖"、"秀公益"、"造话题"、"策事件"、"曝内幕"、"玩饥饿"、"造节日",指导餐饮老板如何持续发声,快速吸引用户、媒体关注,让用户、媒体免费为品牌传播。

第一节 借热点

热点是指一定时间内广受用户关注、热议的新闻或者社会舆论,类似重大事件、时事新闻、热播电影等,通常会抢占时下主流信息入口的热门榜单,如微信热搜榜、微博话题排行榜、百度风云榜等。对于这类热门话题,餐饮企业若能巧妙借势,通常能在短时间内吸引用户关注,还能带来业绩上的提升。

当然,借热点是个技术活,并不是所有的热点都能采用"拿来主义",适合别人餐厅借势的热点也并不一定适合自家餐厅。如何借?有何讲究?我们且看互联网餐饮品牌"黄太吉"如何巧妙借热点。

案例一:巧借《煎饼侠》,让电影为餐厅代言

借助前期的互联网宣传,"黄太吉"基本上已成为"煎饼果子"这一品类的标志性餐饮企业。因此,在电影《煎饼侠》拍摄之时,导演大鹏便找到"黄太吉"创始人赫畅花钱做品牌植入。刚一开始赫畅是答应的,过后一想,认为应该有更好的方式切入合作,因为大部分人聊起"煎饼"估计还是会首先想到"黄太吉",电影《煎饼侠》也不例外,若能在营销上与热点巧妙结合,便能以更少的成本做到比常规"内容植入"方式更好的效果。

颠覆传统"内容植入式"的电影营销,"黄太吉"将《煎饼侠》电影的预热宣传与品牌巧妙结合,跨界合作让资源价值最大化。2015年7月17日,《煎饼侠》正式上映时,《煎饼侠》的关键人物董成鹏——大鹏,在电影宣传中亲自为观众送上黄太吉煎饼;在"黄太吉"包场点映活动中,大鹏亲自到场为"黄太吉"站

台；甚至《煎饼侠》在央视做推广时，也拉着"黄太吉"，将外景选在"黄太吉"远洋店。

伴随《煎饼侠》的热映，"黄太吉"对产品进行了换装，将煎饼侠形象充分融入到菜品之中。电影放映期间，消费者"消费满50元"便有机会获得"煎饼侠"的公仔、手机壳。同时，"黄太吉"还配合推出了"煎饼侠套餐"，并展开了"凭煎饼侠票根可免费领取一份煎饼"的促销活动，又一次将部分观影用户吸引到"黄太吉"店中，如下图所示。

事实证明，赫畅这一选择是正确的，因为之前有拍短片视频的尝试，当《煎饼侠》上映后，很多人问他是否又拍了一部电影，这足以说明"黄太吉"这一系列借热门电影IP做品牌宣传的举措非常成功。

案例二：借热高考为考生定制专属营养餐

每年6月，都会有这么一群人备受全国上下的瞩目，那便是参加高考的学生们。无论是老师、家长，还是高考学子，都对这场关乎命运的"战役"重视至极，于是形成了"全民皆兵"的场景，也让"高考"成为整个 6 月不可不提的热门话题。

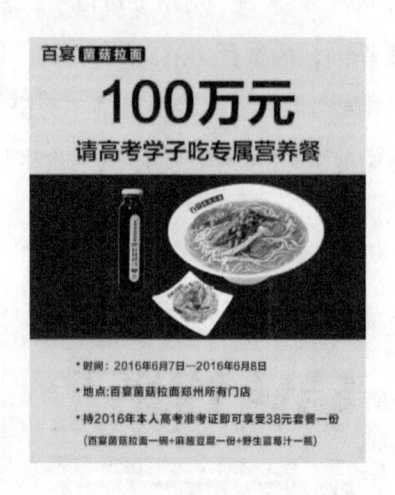

就在 2016 年的高考期间，"百宴菌菇拉面"餐厅在郑州市举行了一场助力高考的活动，为全市高考学子提供 3 万份"专属营养餐"。每份套餐包含 1 碗百宴菌菇拉面、1 份麻酱豆腐和一瓶野生蓝莓汁，价值达 38 元。据说这种营养的"王牌搭配"，能够充分满足考生的营养需求，使其能长时间保持充沛体力，以最佳身体状态迎战高考。

"百宴菌菇拉面"餐厅承诺，凡高考考生于 6 月 7-8 日持本人准考证件，即可到郑州所有"百宴菌菇拉面"门店享用专属的营养套餐一份。

此举不可谓不高明，不仅在高考中成功蹭热"刷脸"，在热点事件的带动下提升了品牌知名度；同时，还凭借"高考专属营养餐"这一定制产品，成功地让品牌跻身健康营养餐的行列，真可谓一举两得。

当然，能称之为热点的事件还有很多，除了热门电影、高考之外，一些体育赛事、明星结婚等也都可以助力餐厅的品牌宣传。例如，2015 年黄晓明与 Angela Baby 的婚礼，几乎震动了半个娱乐圈，从主婚人、主持人到伴郎团、伴娘团，几乎全是明星，成为当时娱乐圈的最大热点，而各种品牌的借势宣传也活跃起来，下图所示为"脉动"设计的"喜脉动起来，早生 Baby"的海报创意，语义双关，可谓"借热"中的经典案例。

又如,"黄太吉"在 2015 年 12 月 22 日国足进行亚洲杯四分之一决赛当天,策划了餐饮界有史以来最"壕"的活动——"你若胜利,我就免费",只要"国足晋级,所有门店所有产品全部免费,直到卖光营业结束",这样一方面迎合了足球赛事中球迷"赌"的心理,另一方面也通过此活动寄予了对国足的期待,非常具有震撼力,如图所示。

【总结】

1. 热点选择

对于热点的选择，餐厅往往不知如何取舍，因为每天发生在周边的热点事件太多，究竟哪一个热点最适合借势？这取决于热点事件与餐饮品牌或产品的关联度，不宜生拉硬扯、牵强附会。例如"黄太吉"选择了《煎饼侠》电影进行借势，而没有选择热映的其他电影，很明显是考虑到电影与品牌的关联性非常强。

2. 切入方式

当确定要借势的热点后，接下来就应当梳理热点事件的核心关键词和内容，选取与品牌相匹配的点切入。通常餐厅可以从菜品命名、创新热点套餐、定制赠品、游戏互动等方式进行热点切入。

3. 传播时间

关于借热炒作的节奏把控，可以根据热点本身的属性来定，像电影、娱乐选秀等能预期的热点事件，可提前1个月左右启动推广计划。而对于没有预期的突发性热点，应该保持敏感的嗅觉，在事件发生后第一时间反应，快速介入借势。

第二节　挟大咖

古有"挟天子以令诸侯",今有"挟大咖以吸人眼球"。

当今,名人、明星、意见领袖等在某个领域里有一定知名度的人物统称为"大咖",这类人群拥有一定的粉丝用户基础,在自有圈子里拥有话语权和号召力。因此,餐饮品牌若能和这类人群扯上点关系,不仅能提高餐厅的知名度和关注度,更能承接"大咖"们本身的品格,为品牌美誉度加分。

如何挟大咖?挟什么样的大咖?怎样让大咖乐于被"挟持"?这里面的各种学问,不妨从以下两个案例中体味。

案例一:3W 咖啡馆"总理同款咖啡"2 小时售罄

2015 年 5 月 7 日上午,李克强总理在北京中关村创业大街视察创新创业的情况,与"创客"们畅聊创新创业。

当日,在众多考察对象中,总理首先来到了海淀中关村创业大街的 3W 咖啡馆。当总理在一层创业空间和青年创业者交谈期间,3W 的"创客"们给总理端来一杯咖啡,说:"这就是我们喝的创业咖啡,请您品尝。"

据了解,在总理视察过后的当日中午,3W 咖啡馆多了许多慕名前来点"总理同款咖啡"的客人,但他们均被告知"咖啡已售罄"。一位工作人员介绍,总理离开以后,很多人专门来点这一款咖啡,所以早就卖光了。

3W 咖啡馆的服务生刘淼负责给总理做咖啡。刘淼说,她为总理特调了一杯带有"黄金圈"的香草卡布奇诺,还没有在店里上市。由于总理喝的咖啡是特制的,今后这款咖啡在店里的名字或许就叫"总理同款咖啡"。

当天总理喝咖啡的场景被创客们抓拍,并迅速在微博、微信等自媒体平台传播,引起了广大媒体的关注和报道,3W 咖啡与"总统同款咖啡"一起被奉为创业界的佳话,品牌知名度和美誉度也大幅提升。

案例二:72 街携手"悟空"打造"取西经"精神

《西游记》作为中国四大名著的经典作品被坊间广为传颂。其中,"孙悟空"的形象更是受到各个年龄层人们的喜爱和崇拜,堪称"中国版超级英雄",算得上国内数一数二的虚拟"大咖"人物了。

2016 年 6 月,知名中式快餐连锁品牌"72 街"重新启用古典文学名著《西游记》中的"大圣"形象作为 72 街新品牌的标识,打造独一无二的西游记文化。

与之前的店面形象相比,如今的 72 街升级版采用金箍棒作为店内灯,墙面画有"大圣"形象等具有浓厚西游文化气息的元素,增添了品牌门店的时尚感和年轻感。

72街强化孙悟空形象，欲挟"大圣"这一大咖获取更多消费者的关注和喜爱。为此，72街还于开业之际举办了"大圣叫你来吃饭"等活动，吸引了众多消费者围观并争相与"大圣"形象合影。

因为与"孙悟空"这一知名度高且大众喜闻乐见的大咖"合作"，让72街在消费者心中拥有了独特的记忆点，借助大圣形象的推广提升了品牌的知名度。此外，生动的卡通造型也拉近了品牌与消费者的距离，显得更为亲和。

如今，许多餐厅逐渐意识到了名人的吸引力，除了明星代言这类高成本的操作方式外，也有部分餐厅选择深度挖掘餐厅员工的"明星指数"。比如，北京火锅店的服务生长得像范冰冰、成都贝卷店小哥酷似韩星吴世勋……这些隐藏的"名人"为餐厅吸引了不少客流，使其以较低的成本打响了品牌。

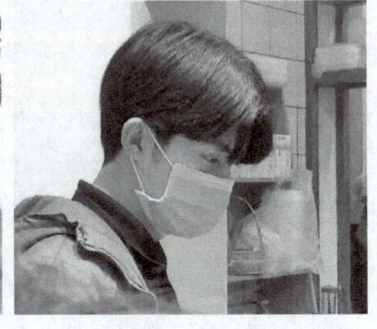

相比签约明星代言，"高仿"名人的方式显然更符合普通餐厅的宣传需求，毕竟不是每个餐厅都具备像"3W咖啡"或"雕爷牛腩"那样的机遇和资金实力，能与名人直接接触，甚至花费巨资请他们做形象代言。

此外，讨巧的"挟持"方法除了"高仿"名人，还有前面提及的"邓丽君音乐主题餐厅"，作为20世纪八九十年代的流行歌后，邓丽君广为人知，拥有大量的粉丝。如今名人虽然已逝，却被一群粉丝们作为餐厅的品牌进行传播，这一方面是出于对邓丽君的缅怀，能引起粉丝们的好感，另一方面也是很典型的"挟大咖"手段，借助名人的影响力为自己的品牌加分。

【总结】

1. "大咖"选择

大咖类型很多，选择适合自己餐厅类型的"大咖"很重要。如果餐厅属于快时尚类型，可以从娱乐、明星、网红等方面切入；如果餐厅是类似3W咖啡这样具有创业孵化功能的创新型餐厅，不妨从政要、创业明星、商界"大咖"等角度着手。

2. "挟咖"技巧

并不是所有餐厅都能像3W咖啡那样幸运地得到总理垂青，大部分餐厅都在人脉、资金上存在不足，该如何"挟咖"？不妨从以下3个方面入手。

（1）名人点赞菜品：某某明星、名人吃过或点赞的菜品，这类菜品通常是一个品类，或许其他餐厅也有相似菜品。谁将其作为噱头拿出来大加宣传，谁就会有所收获。例如，用名人就餐的图片，以及相关的海报、视频等进行强势宣传，消费者进店消费就会感觉与明星有了交集。

（2）为名人送礼品：当某某明星举办婚礼、某某歌星举办演唱会时，借势为其打造"定制产品"，并借助门店、媒体力量大加宣传，一番好意不仅让明星无法拒绝，还有可能取得与"大咖"见面的机会，同时也让外界认为餐厅与"大咖"有着某种渊源。

（3）定制名人菜品：紧抓时事新闻，经常关注某国政要出访的国宴招待菜单、某明星结婚的宴请菜单等，将其中的某道菜作为餐厅的招牌菜或者新品推出，并冠以"某某明星宴请主菜"、"某某国宴菜品"等。

第三节 秀公益

"秀公益"就是以关爱弱势群体、人类生存发展、社会进步为出发点，借助各种公益营销手段，包括提供有形的财物或无形的劳务、对社会做有意义的贡献等形式，与消费者进行互动，在产生社会公益效应的同时，使消费者对企业的产品或服务产生偏好，从而提升品牌知名度和美誉度的营销行为。

餐饮企业作为社会的重要组成部分，在获取商业利润的同时，也需承担一定的回馈社会的责任。而做"公益"是餐饮企业回馈社会的重要手段，也是公认最能被用户、社会所接受的营销方式。毕竟，以"爱"之名行公益，能唤起广大消费者内心的同情心和正义感，即便这一过程中掺杂一些"商业炒作"的味道，但在"公益"这件外衣的遮掩下，一切都变得可以谅解。于是就不难理解为什么各类餐饮品牌，如"肯德基"，"刘一手心"等都热衷于"秀公益"这件事情。

案例一：比萨传递计划 公益不等同于亏本

美国费城有一家远近驰名的比萨店——"罗莎比萨店"。店主沃特曼很有爱心，他希望能尽一份爱心帮助有需要的人，所以总是将自己店里的比萨捐出一部分给流浪汉或者囊中羞涩的人们。然而，他也希望更多的人共同参与到这项爱心公益活动，同时解决店里因常年捐赠带来的亏损问题。于是，一项"比萨传递计划"应运而生。也因为这项公益活动，"罗莎比萨店"成为了费城的名店。

2014年，"罗莎比萨店"首次推出公益活动"比萨传递计划"，公益计划的具体内容为：来到"罗莎比萨店"消费的顾客可以多花1美元，为有需要的人预留一块比萨。

另外，店主还将每块爱心比萨的"来历"写在便利贴上，并贴在店面墙上，等到有人来领取，再补上它的"去处"。这样，一块比萨就完成了"爱心旅行"，也让公益计划变得更加透明，让消费者们都能相信并参与到公益活动中来。

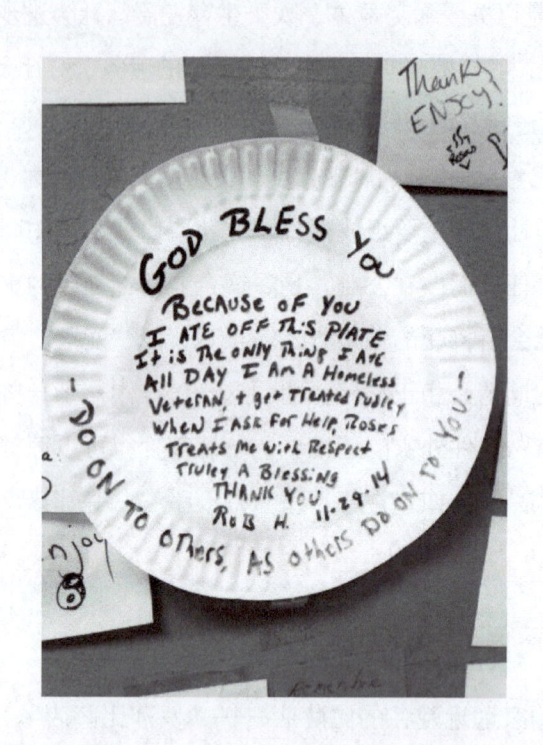

"罗莎比萨店"的义举被一传十、十传百后，越来越多的人慕名到店为无家可归者提供帮助。事实上，1美元根本不足以购买一块比萨，比萨店的生意不但没有因慷慨解囊日渐亏空，反而顾客盈门。今年1月，沃特曼还登上了美国著名脱口秀《艾伦秀》。节目播出后，比萨店又获得某爱心人士1万美元的赞助，专为流浪汉提供免费比萨。

依靠高客流量的基本利润，"罗莎比萨店"不仅打破了爱心公益中最容易出现的亏损困境，在这场爱心公益活动的助力下实现了更高的盈利，还为比萨店打上了"公益"、"爱心"的印记，提升了品牌的知名度与美誉度。

案例二：授人以渔 公益并非只是捐赠

捐赠是公益活动中最常见的形式之一，但古语有云："授人以鱼，不如授人以渔。"面对那些需要帮助的人们，给予他们良好的机会与平台同样不失为一种实行公益的好方法。"刘一手心火锅"便意识到了这一点。

2012年，"刘一手火锅"创始人刘松创建了一个全新的助残品牌——"刘一手心火锅"，旨在帮助残疾人士摆脱困境，扶残创业。店里专门聘请聋哑人士为服务员，为其提供技能培训与就业安排。

在"刘一手心火锅"店里，每张桌子上都安装了感应呼叫器，用餐顾客如有服务需求，按动感应器便可联系到店里手带感应表的"天使"服务员前来服务。此外，顾客还可以举起桌子上的爱心牌，呼叫经过的服务员。在服务过程中，"天使"服务员们会使用随身携带的笔和本子与顾客实现沟通。

火锅相对其他餐饮业态，下单等方面的服务流程较为简化，更符合聋哑人士提供服务的要求，降低了服务出错率，减少了与顾客可能产生的摩擦。

另外，根据"刘一手心火锅"店长介绍，"天使"服务员们的工作热情极高，相对普通服务员，他们的团队凝聚力更强，对工作更加积极主动，也更渴望被认可，因此服务质量也随之提升。

这一新型的公益形式一经推出便受到了不少消费者的认可和支持，"刘一手心火锅"的知名度与美誉度也迅速得到提升。"刘一手心火锅"成立仅两年，便在全国扩建了数十家门店，遍布北京、上海、重庆、深圳、新疆、合肥等地，拥有近千名残疾员工。

【总结】

1. "秀公益"的几种常见形式

（1）关照弱势群体：对社会上需要帮助的弱势群体给予特殊的帮助和支持，类似前文中"刘一手心火锅"对聋哑人的关照、"罗莎比萨店"对社会流浪人群的无偿帮助等。

（2）志愿者活动：通常表现为组织企业员工充当"义务志愿者"，对某项公益活动无偿提供服务。对此，餐厅品牌在创建之初可组建一支"爱心志愿者"队伍，每周定期在餐厅周围做一些"扫马路"、"捡垃圾"等公益活动，每个志愿者都身穿带有品牌标识和口号的服装，这无形中又是一次让周边消费者难以抗拒的品牌宣传。

（3）慈善捐赠：通常慈善捐赠分为三类，分别为冠名捐赠、销售型捐赠、奖项型捐赠。其中冠名捐赠更多用于各种大型的捐款活动，如2008年的汶川大地震、2015年天津爆炸事件等大型灾难，官方慈善机构发起大型捐赠活动，餐饮品牌可借此加入捐赠行列并进行宣传。

销售型捐赠，是针对企业推出的某个产品/服务，根据销量的多少进行捐赠。例如某餐厅与某慈善基金会合作，针对餐厅新推出的招牌菜式"水库鱼头"，对外售价99元/条，向消费者承诺，餐厅每销售一条水库鱼头，便向贫困边远山区留守儿童捐款8.8元。

奖项型捐赠，通常是企业设定某个奖项，主要用于鼓励社会上在某方面做出重大贡献或者需要帮助的人群，类似"诺贝尔奖"、"茅盾文学奖"、星巴克的"部落孩童助学计划"等。对此,餐厅也可以选择与高校合作,以品牌名字设定一个奖项,专门用于鼓励每年考上大学的贫困学生,进行"公益秀"。

2.秀公益的几个关键点

(1)关联性原则:餐厅策划的公益活动应该与企业的品牌、价值观念相符,让"公益秀"成为传播品牌文化的载体。

(2)长期性原则:调查显示,若某企业一直从事公益事业,有87.5%的消费者表示将会对企业的行为有更好的评价。因此,餐厅更应当将"秀公益"作为一场长期的营销手段,而不能一时心血来潮,图个新鲜做一次就不做了。

(3)适时性原则:适时的"公益秀"容易摆脱"炒作"之嫌。当发生地震、洪涝等重大自然灾难时,餐饮企业不妨根据实际情况,适时介入,一方面回馈社会,另一方面也借此提升餐厅品牌形象。

第四节　造话题

人们常见一些品牌在地铁里搞起了 3D 创作，产品上市前请来众多身着比基尼的美女游走街头，这些看似与品牌产品关联并不强的行为，却抓住了目标受众的眼球，让用户自发为其做免费宣传。可见，不管是行为艺术还是美色营销，抑或是其他博人眼球的举措，其最大的意义是通过"造话题"来传播品牌或产品。

在餐饮界，"造话题"亦被诸多餐饮老板视为互联网"炒作"的重要手段，通常好的话题能瞬间引爆网络，短时间内将餐饮品牌传播出去！

案例一：巧借"蜘蛛侠送餐"，瞬间引爆网络

恰逢热门电影《蜘蛛侠》上映期间，如果热闹的街头忽现"蜘蛛侠"，并且他还身挎一个类似保温包的装备，面对此景，相信很多人都有想立即拍下来发朋友圈的冲动。如果发现中午点的外卖恰好就是这位"蜘蛛侠"送来的，那惊喜之余拍一张合影再秀朋友圈也在情理之中。

于是，街边的人忙着围观拍照发朋友圈、发微博，食客们忙着整理激动的心情、编撰蛊惑性的文字晒给亲朋好友们，商家处心积虑营造的"蜘蛛侠送餐"话题就这样被传播开来。

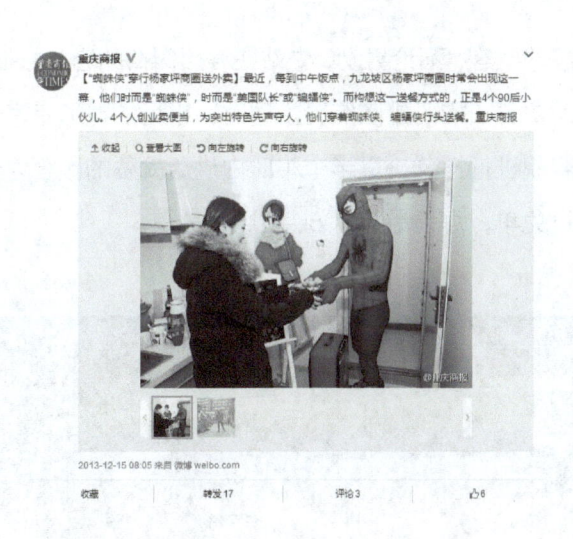

而在朋友圈、微博等平台传播的照片中，醒目的不只是"蜘蛛侠"那身标志性的衣服，还有餐厅醒目的LOGO、订餐电话等重要信息。如上图所示，深圳"上品生活"、重庆"超人便当"等品牌都是利用这一话题引爆网络，触发用户自发加入品牌的自媒体传播，而企业收获的不仅有用户开门那一瞬间的惊喜尖叫，还有品牌关注度、曝光度及美誉度的提升。

案例二：颜值高可免单 靠脸吃饭引热议

2015年1月，郑州一家韩式餐厅联合当地知名整容医院，长期推出"靠脸吃饭"的免单活动。该餐厅在开业之初就制作了一块面积达到30平方米的外置招牌，上面"靠脸吃饭"四个大字格外醒目，下面还有"长得好看，就能免单"的广告词。

凡是前去就餐的顾客，不论男女，先站在餐厅门口的容貌扫描仪前扫描脸部，获得扫描码，然后拿着扫描码排队点餐。同时，现场的整形专家会根据具体的评分标准对顾客的容貌进行打分，以半个小时内进店就餐的顾客为一组，每组容貌得分前5名者即可免单，每天最多有50名顾客免单。

鲜艳醒目的招牌和极具创意的活动，充分调动了消费者的好奇心，迅速被全国网友疯传，并被媒体竞相报道。网友纷纷调侃说终于可以实现了"靠脸吃饭"的梦想，也有网友开玩笑说："如今吃个饭压力都这么大。"一时间，"靠脸吃饭"成了郑州市民乃至全国网友热议的话题。

事实上，基于人们的好奇心理，这种看似专业的"测试"往往深受青睐。相比于免单的诱惑，消费者对于自身颜值的高低或许更感兴趣。若某位消费者幸运地享受到了免单福利，这么"长脸"的事情自然少不了在朋友圈炫耀一番，于是餐厅在该名顾客的人际圈中的宣传成本也就省了下来。由于这类话题极具传播性，无形中助力了餐厅的品牌宣传，为餐厅引流的同时，也极大地降低了营销成本。

【总结】

1、话题制造：在选择话题点时，餐饮企业应该注重两大价值

1）炒作价值：话题要刺激，要新鲜

话题本身要具备一个甚至多个炒作点，这些点可以引起人们好奇，引来大批用户关注，并能勾起用户分享的欲望。就如上文描述的"蜘蛛侠送餐"，因为切入得及时，话题新鲜独特，最终用户自愿免费为品牌作传播。同样都是"靠脸吃饭"的话题，发生在2015年能引起轰动，但若干年后故伎重演，自然效果不佳。

2）品牌价值：对餐厅的长远发展产生良性影响

"造话题"切忌为了炒作而炒作，忽略了消费者对于餐厅的期望值，尽量围绕餐品和服务进行，考虑到餐品及餐厅本身的定位与未来的发展方向，顾及消费者的心理活动轨迹，合理引导话题舆论发展，制造对品牌有正面影响力的效果，而非只图一时的名声大噪。

2. 话题传播：实际上是一场"围观用户"和媒体的接力赛，必须充分借力这两方面的力量

1）引起围观群众的传播

话题炒作的第一步必须引起"围观群众"的关注，通过官方自发组织的传播造势，也就是常说的舆论引导、水军灌水等，触发一些不明真相的围观群众参与到话题讨论，以此积累第一批用户传播基数，让话题在用户热议中不断升级。

2）借力媒体推波助澜

当话题舆论发展到一定程度，要及时介入媒体的力量，让话题在自媒体和权威媒体的轮番攻势中，从个体区域现象上升到社会热点话题，从而引发更多媒体和用户关注。

第五节　策事件

顾名思义，"策事件"是通过策划具有新闻价值、社会影响力以及名人效应的事件，吸引媒体、群众的关注，以提高企业或产品的知名度、美誉度，并能促成产品或服务销售的一种"炒作"方式。

在营销界，"策事件"被认为是最能引起人们共鸣、最具传播价值的营销方式。尤其在互联网时代，借助互联网传播手段，更是如虎添翼，具备"四两拨千斤"的实力，因此备受企业推崇。近几年，在餐饮界也兴起了"策事件"的炒作热潮，"呷哺呷哺"是其中做得较为出色的餐饮品牌之一。

"呷哺呷哺"重金悬赏捉拿"偷菜贼"

2015年，"呷哺呷哺"餐厅上海店迎来开业5周年，但就在门店为新品上市做准备时，一则"悬赏通告"引发了众人的关注。据称，在"呷哺呷哺"门店里有8类菜品遭到"偷窃"，于是在上海、江苏全"呷"区设置重金悬赏捉拿"偷菜贼"，并承诺凡有"爆料"，必有重赏。

阶段一：设置事件悬念，引发好奇

此次"偷菜事件"激发了全民的好奇心，究竟是何人偷菜？意欲何为？又是如何得手的？这些疑惑都对消费者产生了强烈的吸引力。

同时，"呷哺呷哺"官方也通过微信、微博、BBS、新闻媒体、意见领袖等多种渠道行了事件曝光，将"偷菜事件"推升至热门话题，扩大了事件的传播范围，进而引起了广大网民及消费者的持续关注和讨论。通过一系列的悬疑设计、精准传达，吊足了围观群众的胃口。

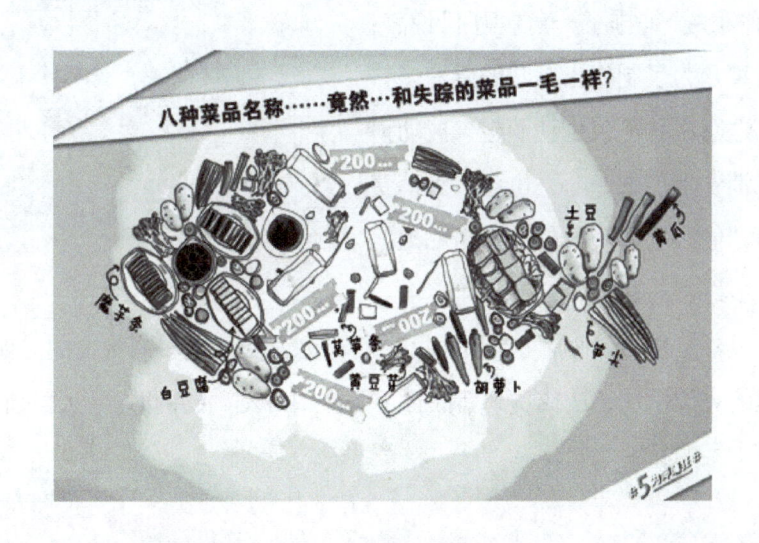

阶段二：重金悬赏，增加噱头、提升互动

随后，为使事件保持热度并更好地与品牌活动相结合，"呷哺呷哺"高调宣称将活动的20万份奖品全部以"赏金"的形式发放，鼓励消费者到店"爆料"。

与此同时，"呷哺呷哺"官方最重要的举措便是与顾客保持良好的互动，通过多个平台不间断地向外界爆出"偷菜贼"或将于呷哺店内现身等"线索"，成功地将线上流量转化为实际的线下消费。

据统计，在"呷哺呷哺"设置"悬赏"期间，"偷菜事件"吸引了网友们超过400万次的关注，先后有7万多人参与了事件的讨论，实际到店参与"爆料"的人数甚至达到了9万，转化效果显著。

阶段三：解开悬念，引出新品

为了持续提升事件热度，并将更多品牌及产品信息融入传播中，"呷哺呷哺"最终公布了"偷菜事件"的"元凶"，即"呷哺呷哺"新品"麻辣爆料鱼火锅"中的主角——巴沙鱼。

此外，"呷哺呷哺"官方还为这位可爱、蠢萌的"偷菜贼"编排了一套"坦白"说辞：巴沙鱼偷菜是为了制作出美味的麻辣爆料鱼火锅。这套说辞不仅生动萌趣，成功博取了年轻消费者们的芳心，也让广大消费者对所谓"偷菜"才制成的美味新品火锅产生了更多好奇与期待。

果不其然，"呷哺呷哺"新品面世之后，迅速受到众多消费者的追捧。这次悬念迭起的宣传活动，在成功为新品打下坚实口碑基础的同时，也让人们记住了这个创意十足的品牌。

【总结】

1. "策事件"的4个关键点

（1）传播点：类似人们喜闻乐见的新闻、趣事等，事件里必须具备一到多个能够吸引人们关注、评论、转发的传播点，如有广泛认知度的明星、名人和具有普遍关注度的新闻等。

（2）事件场景：事件的发生场景非常重要，它通常是事件与植入品牌相关联的重要节点，一方面它能让事件呈现更加逼真，另一方面也能让事件置于一个更有利于受众接触的环境中，利于后续的事件炒作。例如"偷菜事件"，发生场景便是在呷哺呷哺的门店内。

（3）传播渠道：事件能不能被引爆，传播渠道是关键。微博、微信、新闻、论坛……网络中有很多途径可以传播信息，但并不是每一个渠道都适合引爆事件，往往关键渠道的曝光是事件最大化引爆的关键。在呷哺呷哺"偷菜事件"里，官方借助多个平台全面曝光事件是引爆事件的关键，并在主流媒体的引导下，最后才演变成了全面自发的传播热潮。

（4）舆论导向：事件营销是一把双刃剑，它既可以用短、频、快的方式为企业带来巨大的关注度，也可能因为舆论导向把控不到位，起到相反的效果，给企业带来负面的影响。所以必须24小时监控舆论导向，一旦出现不良舆论风向，及时将舆论引向对品牌或产品有利的方向发展。

2. "策事件"应当注意的五点

1）切莫喧宾夺主

在大多数事件营销里，营销主体只是作为配角、背景，甚至以路人甲的形式存在，而如果在事件中太过于强调品牌、产品本身，则有可能失去事件本身的趣味性，让受众产生一定的抵触心理。

2）切忌盲目跟风

成功的事件营销有赖于企业的文化底蕴，不能盲目跟风一通乱学。"偷菜事件"作为呷哺呷哺"麻辣爆料鱼火锅"新品上市的预热炒作，好玩又吸引人眼球。但是，同样的事件，如果搬到一家以温情家庭聚会为主题的餐厅里就不一定合适。所以，在策划事件时，要对餐厅的品牌文化和消费人群定位做研究，针对性地策划跟餐厅品牌定位相吻合的事件。

3）与企业形象保持一致

一些大企业经常会犯一个错误，由于各方面资源的匹配相对比较成熟，且品牌本身具有一定的行业关注度，制造一个事件成为新闻显得太过简单，于是在进行事件策划时，会忽略是否符合企业的形象定位，单纯为了造新闻而造新闻。这样不但浪费资源、精力，对品牌形象也是一种损害。

4）控制好风险

舆论导向对于事件炒作十分重要，对于炒作风险极大的项目，必须做好风险评估，并根据风险等级建立相应的舆情机制。事件营销展开后，需要依据执行情况，不断调整和修正原有的炒作方案和对应的风险评估体系，一旦出现负面舆情应及时采取措施化解风险，直到整个事件结束。

5）勿触碰法律"红线"

新闻有新闻的标准和要求，广告也有广告的底线，餐饮企业在进行事件营销时，不论如何策划，一定不能触碰相关法律法规的"红线"，相关新闻内容必须符合新闻法规，切忌虚假宣传、夸大其词等不计后果的事件炒作。

第六节　爆内幕

造话题也好，策事件也罢，偶尔为之可以获得轰动、爆炸性的效果，能在短时间内扩大品牌影响力。但若频繁使用单一的炒作手段，就会让网友产生疲劳感，说不定还会给餐厅戴上恶意炒作的"帽子"。这个时候，不妨从餐饮企业内部着手，适当进行"曝内幕"，让用户对品牌信息的了解更加立体化。

所谓"曝内幕"，就是企业选择性地将创业经历、发展战略、经营策略、投资动态等信息曝光给外界媒体和群众，希望引发讨论，提高品牌的关注度和曝光度。这是一些大企业和新兴的互联网餐饮品牌惯用的炒作方法。

一、曝融资内幕，百试不爽的炒作法宝

"黄太吉"获"饿了么"战略投资

4月10日，"黄太吉外卖"官方微信公众号发布微信图文《黄太吉获饿了么战略投资，共建高品质外卖生态》，再一次向外界曝光企业内部投资动态。

接下来的3天里,关于"'黄太吉'获'饿了么'战略投资"的新闻以及各类分析性文章被投资界、餐饮界等各大媒体争先报道,整体舆论导向都是偏向对"黄太吉高品质外卖"战略的利好消息,且相关文章累计数量多达800多篇次。

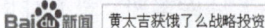

而在此之前,"黄太吉"又经历3次融资,每次融资都成为媒体争相报道的新闻素材。在"黄太吉"B轮融资实情被曝出来之前,外界媒体也充斥着质疑和融资失败的各种传闻,最终在赫畅的辟谣中,传闻不攻自破。

黄太吉赫畅关于融资失败的辟谣

不管融资成功与否,总是伴随着各种新闻话题,"相传"融资成功了,"相传"融资失败了,外界谣言四起让品牌备受质疑,最后创始人赫畅出面辟谣又是一则重磅新闻。如此一番折腾下来,关于"黄太吉"的融资总有报道不完的新闻,而

"黄太吉"则在持续曝"内幕"的过程中，品牌曝光量和关注度也得到不断提升。

融资，对于所有创业者来说都是一种诱惑，所以关于融资的消息，总会有很多媒体和创业者关注。也因此，"曝融资内幕"成为餐饮界提升行业认知度和曝光率屡试不爽的法宝。"伏牛堂"、"遇见小面"等餐饮品牌都在"曝融资内幕"上做过诸多文章。

二、分享创业内幕，也是炒作的好素材

我为什么放弃百万年薪，辞职做互联网火锅

大学毕业后，我进入了一家互联网创业公司，正式开始我的"北漂"生活。非常幸运的是，我参与了公司从创业初期到上市的全部过程，也见证了互联网对人们生活的改变。

当时公司业务扩展非常迅速，在北京市场成熟以后，我被外派去西南片区开拓分公司，在经历过40多个分公司的开拓历程后，把0变为1仿佛已经是我的强项，感恩在平台历练的这几年，把我从中分发型的帅小伙，变成短发老练的华西大区经理。

在重庆、四川这四年的时间里，我几乎吃遍了所有知名火锅和巷子火锅店。因为工作关系，我甚至创造了连吃30天火锅的纪录，至今无人打破。同时，我也发现了火锅行业存在的很多问题，如食材价格越来越高、食材不新鲜、回收锅底再利用、口味单一等，那时候就想如果有商家能解决这些问题那该多厉害。

作为一名资深的"吃货"，儿时的梦想就是能够开一家餐馆，既可以赚钱，还可以吃饭不花钱。有了重庆、四川这四年的经历，出于对儿时的梦想以及对火锅的热爱，我决定辞掉工作，突破传统，借用互联网思维创业，做一家"人人吃

得起的高品质火锅"。

传统火锅的经营模式是：老板购买食材后，加价卖给消费者，赚取差价。其结果必然是高质高价、中质高价。

"卧底火锅"的经营模式是：供货商直接售卖火锅食材给消费者，打破暴利，实现高质低价。消费者可以选择门店购买打包带走、线上外卖送到家，也可以选择餐厅堂食。

围绕着这个想法，我用三个月时间，找了一群互联网行业的"吃货"，组建了团队开始"死磕"，用互联网思维做火锅！

为了找出口感最好的牛羊肉，我们采用最原始的试错方法：邀请一群小伙伴，在三个月的时间内，用白水涮着各种品牌的牛羊肉，不蘸任何调料试吃，直到筛选出公认的口感最好的几种品牌为止。用白水涮肉的经历，直到今天他们依然感到后怕。

因为我们这个团队，是由一群做互联网的"吃货"组成的，所以我相信我们一定可以做得更好。

——邱星星，摘录《我为什么放弃百万年薪，辞职做互联网火锅》

2016年1月，中国"团购第一股"——"窝窝团"的联合创始人邱星星在媒体上发表了这样一篇文章，主动对外曝光自己舍弃百万高薪转投互联网餐饮创业的内幕。

曾经的高薪收入、平稳工作与又脏又累的餐饮行业形成强烈反差，也因此引起了各大媒体的广泛关注。由此，"卧底火锅"在开业之际便享受到了各大媒体免费助力品牌传播的福利。同时借助媒体宣传，让广大网友对创始人经历、性格及产品的调性都有了初步的认知，为后期的宣传奠定了良好的基础。

总之，曝光餐饮企业老板的创业经历和管理心得，以及他们针对餐饮行业发展趋势所发表的真知灼见，是"曝内幕"常见的几种形式，也是餐饮企业进行炒作的重要素材之一，因为这类文章通常都以"干货"和故事的形式呈现。一方面，它具有一定的"机密性"，能满足读者的猎奇需求；另一方面，它对其他餐饮创业者确实有很好的指导作用，因此媒体也非常乐于报道。

【总结】

1. "曝内幕"的形式

"曝内幕"的方式有很多，融资风波、创业历程、管理心得等是常见的形式，此外，关于企业内部人事变动、运营战略调整等也是餐饮企业"曝内幕"的重要素材。

2. "曝内幕"的本质

"曝内幕"的本质就是餐饮企业自我营销、塑造自身价值的过程。就像是一个明星的花边新闻，你若不是"大咖"，谁会在意你是不是在街边吐了一个烟圈，谁又会好奇你是否又新开了一间工作室。餐饮界也一样，不断曝出的内部消息会让用户在潜意识里觉得餐厅已经成长为餐饮界的一个重要品牌，否则怎么会引发媒体对餐厅动向的持续关注。

3. "曝内幕"应当注意的3点

（1）挖掘内幕的新闻价值：要注重挖掘内幕的新闻价值，激发媒体对行业热点、新奇事件的关注度，选择一些有新闻价值的内幕，在合理的时间对媒体进行曝光。

（2）塑造内幕的神秘价值："内幕"之所以令人好奇，主要是因为在曝光之前它不为人所知，具有神秘性，任何失去神秘性的内幕在吸引力上都会大打折扣，因此不宜一股脑地将所有内幕一并爆出，而应当有节奏分阶段进行爆料。

（3）远离"虚假内幕"："曝内幕"是塑造企业自身价值的过程，因此企业在爆料时一定要远离"虚假内幕"，因为一旦被揭穿，那将变成餐饮企业的一场丑闻，对品牌造成巨大的伤害！

第七节　玩饥饿

苹果公司每次新品发布，几乎都会出现"全线缺货、黄牛涨价"的局面。小米公司每次新品上市，几乎都会放出"供货不足"的消息。

这种通过媒体宣传制造供不应求的假象，激起消费者购买欲望的营销方式就是所谓的"饥饿营销"。在餐饮界，通过"玩饥饿"炒作品牌的案例并不鲜见。

一、玩限量，哪家餐厅更在行

因为"美猴王"的形象深入人心，2016猴年被赋予了更多的意义，可以借势的"猴话题"也非常多，嗅觉敏锐的餐饮企业在猴年伊始就迅速做出了反应。

肯德基：220万套"猴王当道"大礼包，售罄不补

2016年1月25日，"肯德基"推出"猴王当道"大礼包，包括三款"美猴王"玩具、一套三册的《漫画西游》四格漫画书。套餐分为35元、57元两种，购买任何一种套餐，都可以随机得到一份大礼包（一款玩具和一本漫画书）。此外，装套餐的"大圣桶"可以改制为"美猴王"手工制品。

这消息一出，可忙坏了一些父母，因为他们的孩子吵着闹着要"肯德基"的"猴王当道"大礼包，一些向来不主张孩子食用"洋"快餐的父母们，也因为Q版"美猴王"的到来加入了购买"猴王套餐"的队伍。由于是限量供应，一些门店在推出首日便迅速售罄，有些人便不得不跑遍全城的"肯德基"门店去购买"猴王当道"大礼包。而且，由于大礼包有一定的随机性质，或是一款玩具或是一本漫画，有些家长为了集齐全套大礼包，不惜一次购买多套套餐，这让"肯德基"在猴年伊始彻彻底底地"火"了一把。

麦当劳："蒙奇奇"开年，限时限量供应

面对"肯德基"的"猴王当道"，向来以"玩具营销"著称的"麦当劳"也不甘示弱，在猴年伊始推出了蒙奇奇系列玩具，并且限时限量发售。被"蒙奇奇"撩动心弦的大姑娘、小朋友们迫不及待地加入疯抢行列，有些家庭甚至在换购日里兵分几路"抢占麦当劳"，生怕"蒙奇奇"被别人抢光。果不其然，推出不到几天，各地"麦当劳"就不时爆出售罄的消息。

太二酸菜鱼：100条鱼卖完即关门，一桌超4人就别进门

广州有一家"太二酸菜鱼"餐厅，开业之初便吸引了不少消费者的关注。据称，取这个店名是因为老板将全部精力放在研究产品上而忽略了其他，常被顾客笑

称"太二"。言外之意就是,此餐厅的菜品一定非常了得。

为了保证产品和服务质量,该餐厅甚至规定:每天只卖100条酸菜鱼;每桌最多只接待4人,超过人数恕不接待……正因为有这些看似"太二"的规定,加上限量美味的驱使,所以餐厅门前总有粉丝在排队等位。

以上三个案例都在"限量"上做文章,且都不同程度地出现卖断货的情况,充分抓住了"物以稀为贵"的消费者心理,同时借助节日热点,将中国传统生肖文化和动漫文化融入其中,赋予了产品强大的吸引力,这也是"玩限量"的必备前提。若产品本身缺乏吸引力,或者质量不过硬,"玩限量"只会遭来诟病。

二、等位经济　让食客耐心等待的大智慧

"跟风"是消费者普遍存在的一种现象。基于此,很多餐厅在"玩饥饿"过程中总结出另一种方式——排队等位。当消费者来到一个不熟悉的地方,通常都会以是否"排队"来推测一家餐厅菜品是否好吃,因而出现越是排队等位的餐厅,越受消费者欢迎,于是队伍排得越来越长,这就是所谓的"等位经济"。

诚然,等位是营造饥饿感的良好方式,但等位过程也是顾客最难熬的时候,一旦把握不好,很可能将顾客往竞争对手那边推。如何才能将"忠实粉丝"留在自家门口乖乖排队等位?这里面蕴藏着商家们的小心机和大智慧。

1. 餐饮小食不限量供应

往前推溯五到八年,消费者在等位的时候如果遇到店家赠送瓜子、水果、雪

糕等小零食，一定会感激涕零，心中会不由自主地感慨这家餐厅服务简直太到位了。而时至今日，基本上随便找一家具备一定规模的餐厅，等位时服务员都会贴心地送上茶水小食，并且会不时过来询问需不需要续水，顺便在小食盘里再添点小零食。

2. 打印照片、美甲等新式服务纷纷上场

为了留住消费者，茶水小食的供应已成为餐厅等位服务的标配，为了进一步提高等位服务的差异化和满意度，免费照片打印、免费美甲等新式服务逐渐出现，这让用户等位不仅满足于口上，还在体验、特色服务上得到享受，从而缓解了用户等位的焦急情绪。

3. 打造专属等位的优惠

此外，餐厅还可以推出"等位顾客专属优惠"，例如，消费者凭等位小票可享受 9.5 折优惠，等位超过 20 分钟享受 8.8 折优惠，等位时间越长折扣越低等。

【总结】

1. "玩饥饿"的 3 种方式

（1）限量供应：选择一个有吸引力的新鲜菜品，限量限时供应。

（2）排队等位：预留一定舒适的空间作为等位区，并且做好等位服务。

（3）卖断货：选择具有一定口碑的餐品，最好是餐厅的"爆品"，时不时放出"断货"风声。

2. "玩饥饿"的需注意的 3 点

（1）产品一定要过硬：用来"玩饥饿"的餐品或者服务本身质量要过关，最好选择店内口碑最好的餐品，这也是餐厅打造忠实粉丝的关键。否则，即便将消费者吸引过去消费，却达不到预期，反而会招来骂声一片，有损品牌声誉。

（2）控制销量：制造出供不应求的假象，目的是为了激起顾客抢购的欲望。例如某餐厅声称每天限量供应 30 个招牌鱼头，实际上要按照 40 个甚至

50个鱼头的量去备货,"玩饥饿"只是控制公布出来的数字,制造出产品的"稀缺感"。

（3）要控制好节奏:"饥饿营销"也和其他炒作方式一样,讲究的是恰到好处,过犹不及;否则,等位时间太久、断货太过频繁最终都会让顾客离你而去,选择竞争对手。

第八节　造节日

节日营销是商家最常用的营销手段。无论是中国的传统节日,还是西方节日,商家都会借机做各种宣传活动。

然而,节日不常有,且在常规节日里做营销往往会面临更加激烈的同质化竞争。于是,有想法的商家开始着手"造节",避开常规的节日高峰,将非约定俗成的日子打造成节日来进行宣传或促销。如5月20日(谐音"我爱你")、11月11日"光棍节"等非传统节日往往成为商家吸金的重要时间。尤其是"双11光棍节",几乎被阿里巴巴打造成全民的"网购狂欢节",连续几年刷新了电商零售最高纪录。为此,阿里巴巴还申请了商标保护。可见,"造节"是一种十分有效的互联网炒作方式。

那么,餐饮企业又该如何去"造节日"呢?经笔者总结,通常有两种"造节"的方法,一种是在现有的节日上重新定义,另一种是根据餐厅品牌特性创造一个节日。我们且看以下两个案例是如何"造节"的。

案例一:西贝"亲嘴打折节",重新定义"情人节"

每年的"情人节",很多情侣都会选择外出就餐,对此很多餐厅不仅推出令人心动的优惠活动,还会特意为情侣们准备各种情侣套餐。然而,这些老生常谈的"情人节"营销手段,现在已经失去新意,对消费者的吸引力在慢慢减弱。

"西贝莜面村"推陈出新,于2016年"情人节"造出一个专属于自己的"亲嘴打折节"。活动当天,凡到店消费的顾客均可参加"亲嘴"活动,并依据亲吻姿势享受不同的折扣。此外,顾客也可在"西贝"微信公众平台上传"亲嘴"照,参与线上评选活动,赢取200元现金券。"西贝"之所以将"亲嘴打折节"定在情人节,是因为"情人节"传达的"浪漫爱情"信号,与"西贝"一直主张的"爱"文化不谋而合。

"西贝"为"亲嘴打折节"准备了一个极其吸引眼球的广告语"吻得越深,折扣越大",并设计了四种不同的亲吻姿势和对应折扣。同时,为了营造气氛,"西贝"还专门派人在现场免费派送玫瑰花,并在当天举行"我爱猜猜歌"、"爱要大声说"等互动游戏，让所有进店的顾客，都能充分感受到一次与众不同的"亲嘴打折节"。

由于"西贝"的"亲嘴打折节"形式新颖，在众多的"情人节"活动中脱颖而出，给消费者留下了深刻的印象，且极具话题性的活动规则也引起了用户和媒体的广泛关注，无形中为"西贝"做了大量的免费宣传。

案例二：杭州"62外婆节"，创造一个品牌专属节日

2015年，全国知名杭帮菜系连锁餐厅"外婆家"，结合杭州当地文化和品牌本身定位，打造了一个杭州城的吃货狂欢节。节日定在每年的6月2日，并命名为"62外婆节"。

说起62，最早的意思是形容人办事稀里糊涂，说话不靠谱，近代还用来形容人落魄等。然而，现在的这个词更多了调侃的意味，"外婆家"为62赋予了一层新的含义："62就是利他，而利他是我们的经营理念。"外婆家总裁裘晓华表示。

据了解，"62外婆节"由杭州市19家"外婆家"餐厅，及"外婆家"旗下的"炉鱼"、"动手吧"、"第二乐章"、"锅小二"、"指福门"、"穿越"等餐饮品牌共同参与。活动开始前，"外婆家"通过微信平台上公布"62外婆节"活动信息，粉丝可以通过外婆家微信账号报名，有机会赢取620位"霸王餐"名额。获奖者可在6月2日到杭州任意一家"外婆家"餐厅享受500元以内的"霸王餐"，而超出部分可以享受6.2折的优惠。未获得"霸王餐"名额的消费者，到任意一家"外婆家"餐厅用餐，在当天同样享受6.2折优惠。此外，"外婆家"旗下的子品牌餐厅推出多种6.2元的精美菜品，并赠送一份能在旗下六大子品牌门店各使用一次的代金券。

同时，为了提高餐厅的服务质量，"外婆家"牵手"河狸家"和Uber跨界合作，将美食和美甲、吃与行完美结合，用户参与"62外婆节"的同时，还能享受"河狸家"和Uber提供的服务，从而营造出全方位的活动气氛。

据统计，外婆家打造的"62外婆节"，预估花费100万元请杭州人吃饭，也为"外婆家"带来了远超过100万元的品牌价值。"外婆家"首创的"外婆节"不仅将企业文化宣传到了极致，也通过一系列活动让利给广大消费者，为餐厅带来超高的人气，成为餐饮界"造节"的成功典范。

【总结】

餐厅"造节日"需注意以下三点：

1. 节日要与品牌完美契合

"西贝莜面村"主张"爱"文化，与"情人节"的浪漫爱主题相呼应，"亲嘴打折节"不限参与者的关系，更在传达一种"大爱"。"外婆家"餐厅是知名杭帮菜连锁品牌，选择"62"这个杭州人都懂的数字，用调侃的方式给"62外婆节"贴上了"杭州"的标签，让杭州人倍感亲切，而且节日的命名和主题内容也与"外婆家"的品牌文化密切关联。

2. 餐厅活动要与节日相呼应

"亲嘴打折节"与"情人节"在同一天，因此"西贝"推出"亲嘴就能打折"、赠送玫瑰花等多个活动，实际上诠释了情人节"爱"的主题；"62外婆节"旨在打造美食文化节，推出620份"霸王餐"、6.2折扣优惠、多品牌现金券、跨界服务等诸多活动，与节日遥相呼应，营造出浓烈的节日氛围。

3. 有吸引眼球的主题活动

不论是父子、母女、朋友还是情侣，只要亲个嘴就能享受折扣，这样的设定注定在活动前后都能引起消费者的热议；不花钱或者少花钱就能享受一顿美味，对于很多追求性价比和用餐体验的消费者来讲，也有着强大的诱惑力。

第七章

自媒体思维：如何玩转三类主流自媒体

在这个人人都是自媒体的时代，品牌传播已经由以往的以企业为中心，逐步转变为以用户为中心。这些用户聚集在微博、微信等互联网平台上，扮演着自媒体角色，分布在互联网各个角落。这一方面加大了餐饮企业品牌宣传的难度，以往一部美食宣传片就能广泛深入人心，如今，这样的举措传递到用户的概率就如同在浩瀚大海里捞鱼一般；另一方面也让餐饮企业有了更低成本的营销方式，通过微博、微信等平台，可以更加亲密地与用户沟通互动，聆听用户需求，有效指导餐厅运营。

第一节 如何玩好餐饮微博自媒体

2013年，餐饮界惊现一匹黑马，轰轰烈烈地玩起了"封测运动"，广泛邀请各路明星、美食达人、微博段子手等意见领袖进店免费品尝美食，甚至圈内明星皆以得到"雕爷牛腩"的"内部邀请码"为荣。这些参与封测的"大咖"们，无论是出于对美味餐品的点赞心态也好，还是出于"吃人嘴短"的心理也罢，发个微博都是基本动作。于是，一时间微博上弥漫着一股"雕爷牛腩"的香气，吸引八方来客前来品尝。善于营销的孟醒用微博引爆流量，用结果向餐饮界证明微博自媒体的威力。

自媒体，被释义为私人化、平民化、普泛化、自主化的传播者，是以现代化、电子化的手段向不特定的单个人传递规范性信息的新媒体的总称，又称公民媒体和个人媒体，包括微博、微信、视频等在内的平台均属自媒体平台。很多传统餐饮企业还在犹豫是否需要开通微博的时候，早有餐饮企业先人一步，打造了专属的微博自媒体阵地，并尝到了微博营销的甜头。

一、微博自媒体充当什么角色

1. "黄太吉"微博：人格化塑造 + 用户美食分享平台

"黄太吉"创始人赫畅不止一次在公开场合表示，"黄太吉"官方微博运营除了占用他本人的时间和精力之外没有花过一分钱，且一直保持较高的关注度和活跃度，这一直是他引以为豪的事情。透过黄太吉微博，我们不难总结出它的两大特色。

第一大特色：人格化塑造

"黄太吉"的官方微博由赫畅自己运营，因此他会将自己的兴趣爱好、生活动态、真实感受等与粉丝分享，无论是去韩国旅游时分享吃大排档的经历，还是去纽约旅游时分享一些与神秘学有关的知识，抑或发表各种关于外星人的深奥观点，他都尽量将自己摆在产品前面，将他个人的性格和情感表达给粉丝，从而塑造出一个人格化的微博形象。

如下图所示，"黄太吉"官方微博发布赫畅与投资人张永汉香港畅聊的微博。

下图是"黄太吉"官方微博发布的员工新婚祝福。

第二大特色："黑洞型"微博

用赫畅自己的话讲,"黄太吉"要打造的是"黑洞型"微博,这一说法是相对于常发各类"心灵鸡汤"、像太阳一样温暖用户心灵的"太阳型"微博而言的。赫畅认为:"对于微博,真正能够产生话题的是服务和产品,你要做的微博是'黑洞型'的微博,如果你的服务和产品做得足够好,消费者自然会去转发。"所以,"黄太吉"微博90%以上的内容都是用户创造的。如下图所示,是其转发的粉丝购买"黄太吉"早餐后的各种分享图。

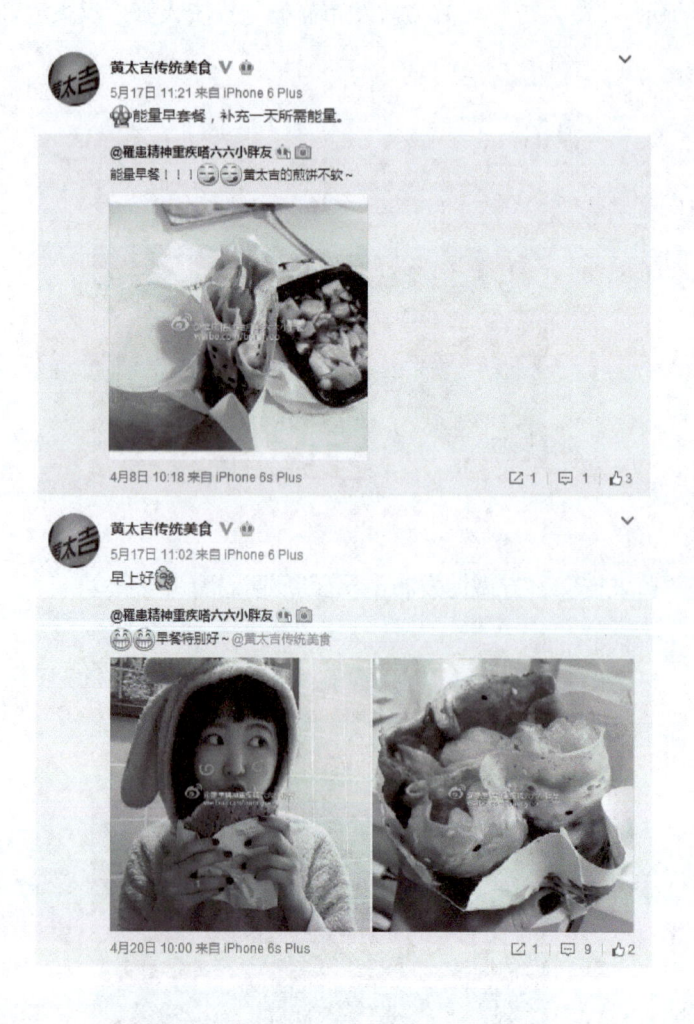

2. "叫个鸭子"微博:化身段子手,将"幻想"发挥到极致

与"黄太吉"微博强调自我人格展示的风格稍有不同,"叫个鸭子"的微博俨然是段子的集结地，充满了轻快、明亮的色调，这与"叫个鸭子"名字的些许调侃意味相得益彰。

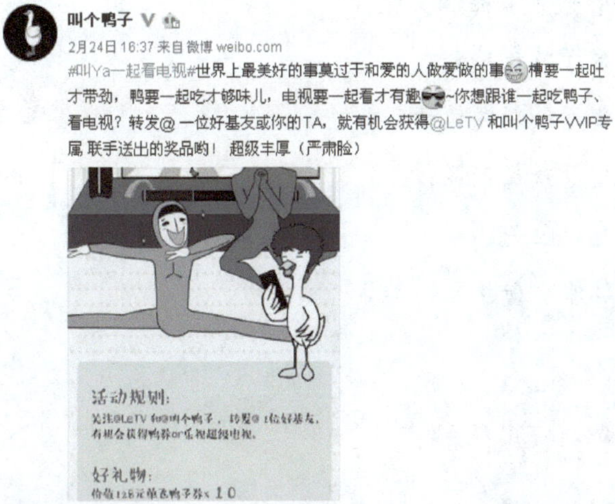

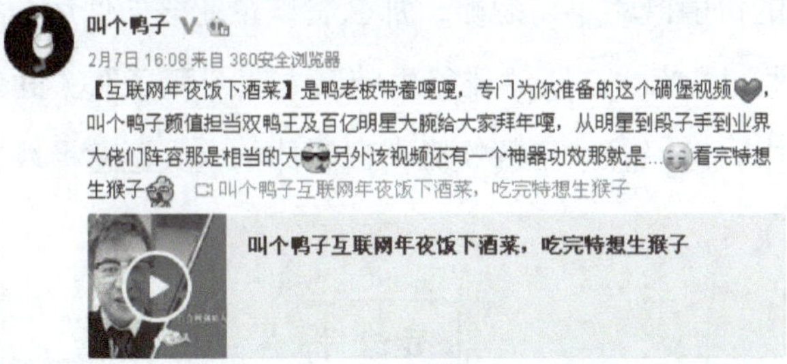

"叫个鸭子"的微博一直在调侃与玩笑的路上越走越远。无论是以轻松的语气道出的活动内容，还是以新鲜语言带出的热门话题，"叫个鸭子"自身的元素总是以各种各样的形式隐匿其中。如右图所示，"二月二"的节日段子也不放过，如此应景，让人不得不对"鸭子的幻想"又上升一个层次。

【提问：微博究竟能为餐饮企业做什么？】

鹤九答：

（1）传播餐饮企业品牌文化；

（2）展示餐厅特色美食；

（3）推广餐厅最新促销活动；

（4）销售餐厅最新产品；

（5）品牌危机公关；

（6）在线客服、粉丝互动等。

二、餐饮微博自媒体的六大运营模块

微博自媒体的价值既然不可忽略，那么餐饮企业该如何运营微博自媒体？从"星巴克"、"百胜"、"黄太吉"、"雕爷牛腩"、"叫个鸭子"、"面包新语"等餐饮企业的微博运营中，可以总结出餐饮微博自媒体的六大运营模块，如下图所示。

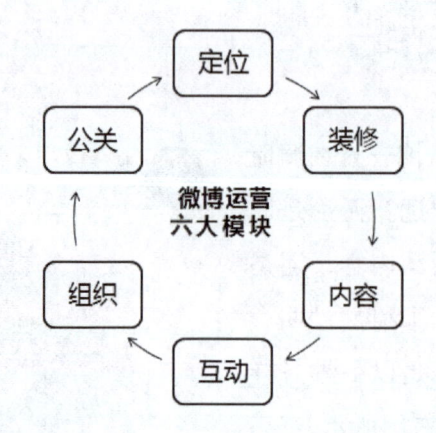

```
        定位
      ↗     ↘
   公关       装修
    ↑         ↓
   组织       内容
      ↖     ↙
        互动
```

微博运营六大模块

1. 定位

餐饮企业微博定位是要在潜在用户心中找到一个合适的位置，它决定了餐饮企业微博的发展方向、格调及微博运营的其他几大板块。通常餐饮企业微博定位应结合餐厅本身的定位、产品、服务等，锁定目标对象，挖掘其对产品、精神、情感等方面的需求，从而塑造符合餐厅特性的微博形象。

通常，餐饮企业微博定位分动态展示类、品牌传播类、电商销售类、粉丝关怀类、主题活动类等。

1）动态展示类

这类餐饮企业开通微博的主要目的是展示餐饮企业动态信息，通过微博发布餐厅的开业活动、新品发布、美食推荐等信息，与用户近距离接触，并定期开展一些让利互动，促使用户转发、分享微博，以达到宣传企业文化，展示品牌形象，对相关菜品、活动进行推广的目的。如 @星巴克中国、@BreadTalk_面包新语等。

2）品牌传播类

这类餐饮企业微博主要侧重于企业理念、文化及价值的传播，多为一些国际连锁餐饮品牌集团总部开设的微博，而产品展示、活动促销等功能基本上由其他区域性单店微博来执行，如 @百胜餐饮集团官方微博。

3）电商销售类

有些餐饮企业通过微博售卖产品，通常这类餐厅不仅在店内烹制美食，还开发了一些适合在零售渠道销售的附属产品。他们充分利用线上粉丝对品牌的忠诚度，直接推荐产品，并在线解答粉丝的一些疑问，比较典型的有 *@伏牛堂*。

4）粉丝关怀类

微博的一个重要价值就是可以与粉丝进行近距离互动，因此很多粉丝量非常大的大型连锁餐饮企业专门针对粉丝开通了单独的微博账号，专门用于与粉丝互动、进行顾客关怀，从而更好地服务用户，提升粉丝黏度、忠诚度及品牌的美誉度，如 *@麦当劳顾客关怀中心*。

5）主题活动类

有些餐饮企业会定期举行一些大型活动，这类活动通常具有时间跨度长、参与范围广、有一定文化传承等特点，为此餐饮企业有必要单独开通一个主题活动类型的微博，用于活动的信息发布、动态新闻发布、活动征集、评选等，如 *@肯德基对话90后*。

针对以上5种不同类型的微博定位，餐饮企业可根据实际需求、公司规模、品牌定位等，在综合考量后进行选择。通常，小规模单店微博更适合动态展示，当粉丝积累到一定数量之后，可以逐步创建电商销售类微博；当餐饮企业发展成大型连锁品牌时，其微博可以逐步向品牌传播类、粉丝关怀类、主题活动类微博方向发展。

2. 装修

确定了餐饮企业微博的定位，下一步便是围绕定位进行微博装修。微博装修属于视觉设计范畴，一方面要遵循品牌的视觉设计规范，因为它是企业品牌形象的展示窗口；另一方面也要跟微博定位形成呼应，力求装修出一个简洁、美观、大气，且符合用户浏览习惯的企业微博界面。

1）微博背景设计

微博背景是指微博主页显示在页眉（也称封面图）和两侧的位置，如下图所示。

@肯德基的微博背景装修美观、大气，其色调不仅与企业商标用色相符，背景内容也与其"动态展示类"微博定位一致，"39元吃过瘾炸鸡桶"的广告宣传则展示了肯德基最新的促销活动。

2）微博头像设计

微博头像是企业微博定位的另一个体现，不同的定位类型可对应不同的微博头像。通常情况，企业微博头像都是以品牌 LOGO 作为首选，如下图所示。

当然，定为为其他类型的微博，如@肯德基对话90后属于活动主题微博，自然可用活动宣传主形象作为微博头像。

3）微博认证展示

微博认证是展示微博真实性、权威性的重要标识，它分个人认证、官方认证、自媒体认证3个类型。餐饮企业微博属于官方企业行为，自然要选择官方认证（包括政府官方认证、媒体官方认证、企业官方认证、网站等其他类官方认证4种）中的企业官方认证。

餐饮企业微博认证需要具备如下条件：

（1）微博头像应为企业商标、标识或品牌LOGO。

（2）微博昵称应为企业、品牌的全称或无歧义简称，若昵称为代理品牌，需体现代理区域。

（3）微博昵称不能仅包含一个通用性描述词语，且不可使用过度修饰性词语。

（4）企业提供完成有效年检的《企业法人营业执照》《个体工商户营业执照》等资料。

（5）微博昵称与营业执照登记名称不一致的需提供相关补充材料，如《商标注册证》、《代理授权书》等。

3. 内容

内容是餐饮企业微博运营的关键板块，是所有微博营销方式的载体。微博内容的好坏直接关系到粉丝是否感兴趣、能否激发用户互动传播的热情。那么，餐饮企业微博该怎样规划内容，如何编写内容，微博内容在什么时间段发布更有效？

1）微博栏目规划

微博栏目就是微博"话题"，它的规划需基于微博定位，且决定了微博内容撰写的方向。如 @HeyYo 喜乳酪微博定位为"动态展示"型，栏目基本上都围绕新品推荐、优惠活动、情感小段子等展开，如下图所示。

时间	栏目	内容
		微博栏目规划
		Hey YO 喜乳酪
8:50	#Hey,起床啦#	分享最新的吃货达人资讯，或是早安励志语/图文
11:50	#YO新品#	新品推荐、新品菜单
14:50	#小Yo这厢有礼#	每周小创意；每月大活动，有礼寄出
20:30	#喜入被窝#	以冷笑话或是轻松段子幽默一下，进入美梦

基于以上栏目规划，@HeyYo喜乳酪的常规微博内容发布基本都会带上栏目话题，时间一长，且保持一定频率的更新和互动，话题页面就会积累一定的粉丝和互动次数，也有可能成为热门话题，获得在微博热门话题排行榜上展示的机会，从而提高品牌曝光度。

2）微博内容撰写

餐饮企业微博每天须保持更新，且大部分内容应围绕栏目规划来撰写。文案的表述风格、口吻及素材应符合目标人群的喜好，内容的时效性、趣味性、互动性等也非常重要。那么，如何制作出一条高质量的微博呢？下面介绍几种常见的内容撰写方法。

(1) 基于菜品撰写微博内容。 餐饮企业通过微博传播餐厅菜品及特色是一项根本任务，微博内容包括餐厅的招牌菜式、新品、爆品等。每道菜的食材、工艺、营养等特色如何以一种有趣且用户不反感的方式撰写出来,考验的是文案创作人员的功底。

例1：@星巴克中国在夏季新品推出的前一天，发出了"明天，让我们一起#玩出夏味#，谁会第一个来尝鲜？"的微博，并配以一张新品海报图，简单的一句话将星巴克新品上市的信息带出，清新简洁，如图所示。

例2：@叫个鸭子沿袭一贯的"段子风"，新品"鸭货专辑"还未推出，便从两个不同的角度拍照片抢先分享给用户,且用"姿势"两字，勾起了粉丝对"鸭子"的另一层想象，让人在忍俊不禁的同时，也对这款即将推出的新品充满期待，如下图所示。

（2）基于活动撰写微博内容。一般餐厅都会不定期举行各种活动，因此微博自然成为餐厅活动的重要传播工具。一般微博活动都带有优惠承诺和诱导分享关注的内容，所以通常能在短时间内吸引大量粉丝关注的内容，并形成大规模传播。若将餐厅线上与线下活动联动，还能将一部分线上粉丝引流至线下餐厅用餐。

例1：@外婆家在情人节发起了"外婆带你有礼过情人节"活动，线上送出100张现金券，只要转发+关注@外婆家+@1个好友即可参与。该活动迅速引起粉丝大量转载，吸引数千粉丝参与，如下图所示。

例2：@满记甜品上海有限公司 发起了"参与投票送出50元代金券"活动，在奖品力度并不大的情况下，也吸引了上千人参与活动，如下图所示。

（3）基于品牌撰写微博内容。 在微博上进行品牌推广是"品牌传播型"微博的特点，基于微博用户基数大、信息呈现开放式且传播速度快等优点，对餐厅品牌定位、理念、价值、公益活动等内容进行传播，以显著提高餐厅品牌知名度和美誉度。

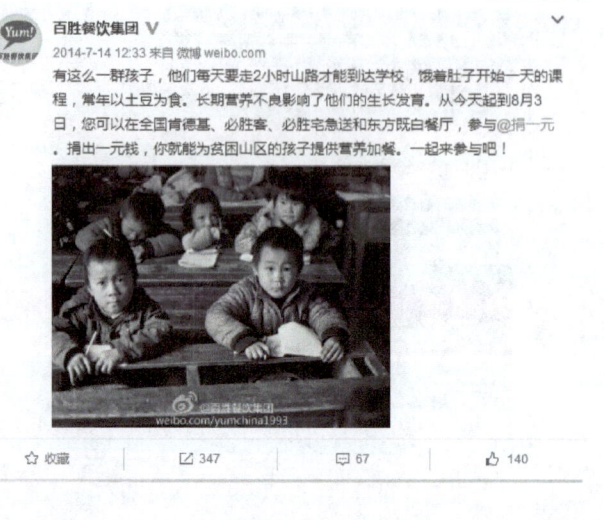

例如：@百胜餐饮集团 长期举行的"捐一元"公益活动，打出"捐出一元钱，为贫困山区孩子提供营养加餐"口号，充分调动了用户对弱势群体的同情心，也让百胜餐饮旗下的餐饮品牌瞬间有了人性的温暖，品牌美誉度也大幅提升，如图所示。

（4）基于热点撰写微博内容。借热营销是微博营销里常用的手段。各种热点事件每天都在发生，包括娱乐八卦、体育新闻、突发事件等，时刻吸引着大众的眼球，微博自有的"热门话题"、"热门微博"、"微博热搜"等会对每天发生的热门事件进行推荐，因此，若能借势热点IP撰写微博内容，通常能在短时间内吸引大量用户关注。

例1：@黄太吉传统美食 在2015年亚洲杯1/4决赛，国足与澳大利亚队的第二场对决中，借势发出"你若胜利，我就免费"的对赌，只要国足晋级，所有门店的所有产品全部免费，直到卖光为止。此条微博充分激起了粉丝、球迷的兴趣，引来网友激烈讨论，如图所示。

例2：@肯德基 与当红明星鹿晗签订代言协议后，微博上关于"鹿店长"的热门微博就没有停歇过。即便如此频繁，凭借庞大的粉丝群体及鹿晗个人魅力，每条微博的转发、评论量都高得惊人，如图所示。

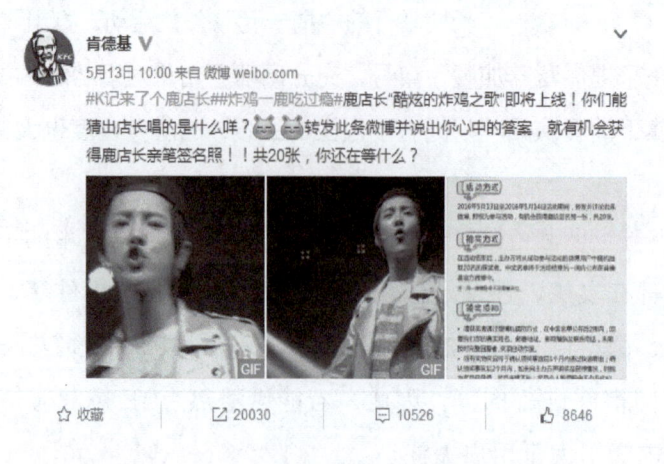

（5）基于提问撰写微博内容。微博是一个沟通互动的平台，为了让用户踊跃参与互动，餐饮微博管理人员可从多角度对粉丝进行提问，可偏趣味、偏科普、偏奖励、偏段子等，关键是要与品牌、产品或服务相关联。例如，@麦当劳非常善于填空形式的提问，经常会就美食的吃法、特性等向用户提问，在娱乐中潜移默化地宣传了产品特性。

3）微博发布时间

微博发布的合理时间与用户浏览微博的习惯密切相关。通常餐厅应当选择在顾客闲暇、刷微博的时候发布微博，这样到达率才会高。实践也证明，同样的微博内容在不同的时间段发布，其转评数和点赞数会相差很大。

通常工作日（周一至周五），用户的微博活跃时间集中在上午 7:30—9:30、中午 12:00—13:30、下班后 18:30—19:30、晚上 21:30—23:00。节假日与工作日有所不同，用户通常会在 13:00—14:00、19:30—21:00、23:00 前后比较活跃。

4. 互动

微博互动是餐厅与消费者拉近距离、进行情感沟通的工具，也是提升微博粉丝活跃度、黏度、忠诚度的好方法。那么餐厅该如何进行有效互动？

微博互动分为常规互动和内容互动两种，常规互动包括转发、评论、点赞、私信、@、话题、留言板、检索关键词等工具，内容互动更多侧重于微博运营的"内容板块"，以内容为王，吸引粉丝互动。

例如，@麦当劳在 5 月 20 日发起了 #愤怒的小鸟大电影# 话题微博，并@电影愤怒的小鸟，获得了 1297 个转发、209 个评论，以及 42 个点赞。基于线上活动，还发起了"免费赠送电影票"活动，因此从互动形式上看，它覆盖了"常规互动"和"内容互动"两个层面，如下图所示。

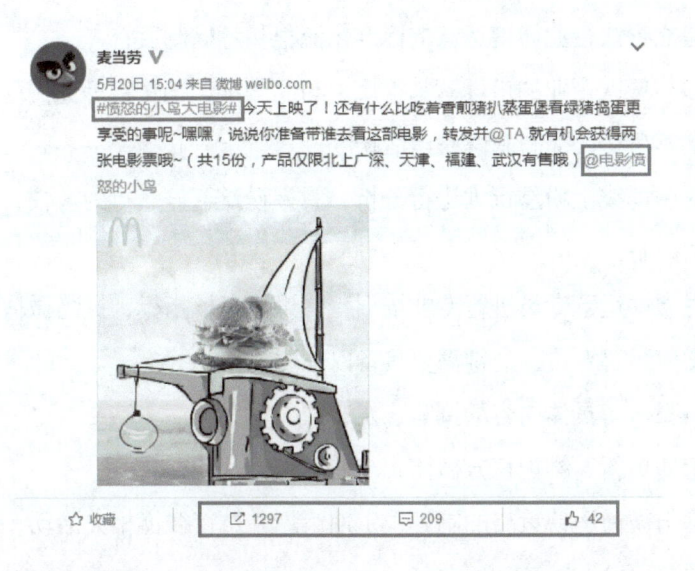

同时，为了吸引更多粉丝参与，使此次活动的效果最大化，*@麦当劳*微博运营人员还根据活动内容有选择性地对粉丝进行逐个私信、留言，甚至检索"愤怒的小鸟""电影""娱乐""520"等类似关键词的微博，再进行互动评论，并植入麦当劳此次活动的信息。

5. 组织

餐饮企业微博自媒体运营是一个系统工程，要想达到既定目标，需要有组织、有计划地执行。对此，很多餐饮企业高薪聘请专业微博运营人才，甚至成立了微博营销部门，或者寻找专业的微博营销公司代运营。总之，微博营销在餐饮品牌运营中的价值日渐凸显。

1）餐饮企业如何配置微博人员

常规的单店餐厅，建议配备一个专职的微博文案兼运营人员即可，其他设计人员可选择外包或者跨部门合作。

对于连锁型餐饮品牌，一般企业达到一定规模后就需要配备微博运营经理1人、微博运营专员1~5人，若要开展一些大型的线上活动，或者进行微博电商运营，还需要根据具体的工作需求再增加人员配置。

2）微博的人员日常工作

作为餐饮企业微博运营的统筹者，微博运营经理需要具备以下职能：

（1）制订餐饮企业微博运营策略与执行方案；

（2）建立餐饮企业微博运营的标准化流程和考核制度；

（3）参与餐饮企业的市场营销推广，与品牌部、销售部等部门配合，定期策划并开展微博活动，提高微博粉丝活跃度；

（4）对微博线上粉丝行为进行分析，掌握粉丝喜好、行为习惯，并制订相应的粉丝互动策略；

（5）对微博运营专员进行专业培训，并设定考核指标，提高微博运营效率。

作为微博运营专员，通常需要具备以下职能：

（1）负责微博具体内容的撰写、发布；

（2）定期更新、维护官方微博，与粉丝进行互动；

（3）参与微博运营策略的制订，定期策划并执行微博相关活动；

（4）跟踪分析微博营销效果，分析数据并进行反馈，为微博营销策略调整提供指导。

3）微博运营培训与考核

确定工作职能后，需要对员工的微博专业知识与操作技能进行培训，包括微博基础使用方法、微博平台运营、推广知识，以及微博操作技巧和相关工具的应用等，让每一个微博营销部门的员工都非常熟悉微博的基本运营方式。

同时，为了让微博运营落到实处，需要对每个工作人员制订相应的绩效考核指标。通过绩效激励，一方面提高员工运营微博的积极性，另一方面通过惩罚避免无效运营。

6. 公关

微博是一个信息开放的社交媒体，网友不仅可在微博上对某个餐厅的美味通过拍照发微博的方式点赞，也可以对餐厅菜盘里出现头发、钢丝等情况进行曝光，甚至在遭受不周道服务时，立刻发微博大力吐槽。这样的曝光、吐槽轻则让网友留下对餐厅的糟糕印象，重则引发一场负面危机。因此，做好微博公关尤为重要。

1）餐厅危机公关的来源

餐厅的危机来源通常有以下几种。

（1）菜品：菜品质量太差、与宣传广告相差太远等；

（2）服务：服务不到位、服务态度不好、服务员打骂顾客等行为；

（3）环境：环境太差、卫生状况不佳、物料摆放无标准等；

（4）员工：内部员工离职后网上抱怨、企业领导个人不良言行、管理层离职等；

（5）原材料：食材来源无正规渠道，出现勾兑、掺假等情况；

（6）价格：标价不合理、天价菜、存在隐性消费等。

2）餐厅公关预警机制

微博后台会提供专业的关键词舆情监测，因此可非常清楚地监测微博平台上与餐厅有关的负面信息。一旦发现，要及时汇报相关负责人，并召开会议商量对策。

餐饮企业微博运营专员通常应养成一个"搜索习惯"，每天定时搜索与餐厅品牌有关的关键词，及时了解线上舆论动态，并制订"餐厅品牌"标签，主动搜索相关微博内容，并与相关微博保持互动，建立良好的沟通机制。

3）微博危机公关方法

危机公关处理讲究"第一时间"，一旦错过最佳时机，本来可以挽救的小危机就可能变成不可控的大危机。因此，危机公关处理应遵循"危机无大小"、"及时性"、"统一性"三大原则，具体可依照如下方法进行：

（1）召开专题会议，确定统一指挥人，相关人员统一口径；

（2）建立危机预案，针对可能发生的各种局面制订应对解决方案；

（3）及时反应、态度诚恳（对于负面信息一定要及时反应，应以诚恳的态度感谢对方对餐厅的关注并认真对待其所提的意见，诚邀对方再一次光临餐厅并给予优惠）；

（4）切忌在负面微博上做任何评论，尽量采用私信、留言等方式，以降低微博的热度；

（5）若负面信息就此平息，切忌旧事重提，应第一时间对餐厅存在的漏洞进行完善；若负面信息一直蔓延，应采取"疏堵结合"的方式，用正面舆论信息压制负面舆论。

第二节　如何玩好餐饮微信自媒体

身处移动互联网大潮中，微信已不单单是一个充满创新功能的手机应用了，它覆盖了 90% 以上的智能手机，已成为人们生活中不可或缺的日常沟通工具。

据腾讯公司公布的 2016 年最新运营数据显示，微信月活跃用户已达 6.5 亿，微信支付累计绑卡用户数超过 2 亿，汇聚公众账号数超过 1000 万，公众号日提交超 70 万群发消息，企业号账号已达 65 万。

如此庞大的用户群体和高频活跃度，自然让很多餐饮企业意识到其中巨大的价值。从目前来看，微信公众号对餐饮企业的吸引力已远远超过微博，大部分餐饮企业都已布局微信自媒体，将其作为经营粉丝的重要阵地，利用微信朋友圈、公众号的快速传播，为餐厅活动、品牌推广等市场活动服务。

目前，微信公众号分为三类，即服务号、订阅号、企业号，每个公众号类型定位不一样，企业可根据实际需要进行选择。其中，服务号定位为"给企业和组织提供更强大的业务服务与用户管理能力，帮助企业快速实现全新的公众号服务平台"；订阅号定位为"为媒体和个人提供一种新的信息传播方式，构建与读者之间更好的沟通与管理模式"；企业号是新推出的一个微信公众号类型，主要功能是"为企业或组织提供移动应用入口，帮助企业建立与员工、上下游供应链及企业应用间的连接"。三者的主要区别有以下三点。

（1）服务号：主要偏向服务交互（类似银行、114，提供服务查询），认证前后都是每个月可群发 4 条消息。

（2）订阅号：主要偏向为用户传达资讯（类似报纸、杂志），认证前后都是每天只可以群发一条消息。

（3）企业号：主要用于公司内部通信使用，需要有成员的通信信息验证才可以关注企业号。

一般餐饮企业选择服务号的比较多，目的在于维护好客户，对品牌、菜品及餐厅活动进行推荐，且在微信便捷支付的支持下，很多餐厅也引入第三方技术开发，开始实现会员系统、线上订餐、选座、付费等服务，更智能更便捷地服务客户。

一、微信自媒体对餐饮企业的六大价值

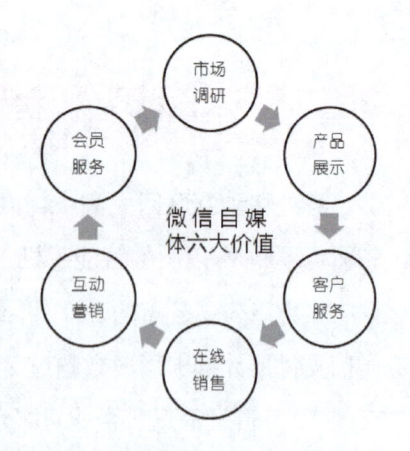

微信自媒体对于餐饮企业究竟具备哪些价值？通过分析行业内上百个不同业态的餐饮品牌，可以总结出微信自媒体的六大价值，如右图所示。

1. 市场调研

微信公众平台是一个用户聚集地，它像微博一样拉近了用户与餐饮企业之间的距离，让餐饮企业可以更好地倾听用户的呼声。因此，可通过微信问卷、问答、投票等方式展开市场调研，收集粉丝对餐厅的满意度、意见、产品喜好度等信息，再经过分析，为餐厅的经营决策提供参考。例如，"南京大排档"餐厅在2016年年初，通过微信展开了一场"年终牌粉问卷大调查"活动，代替传统的纸质问卷，收集粉丝的行为习惯、喜好和满意度等信息，从而更好地指导餐厅经营，如下图所示。

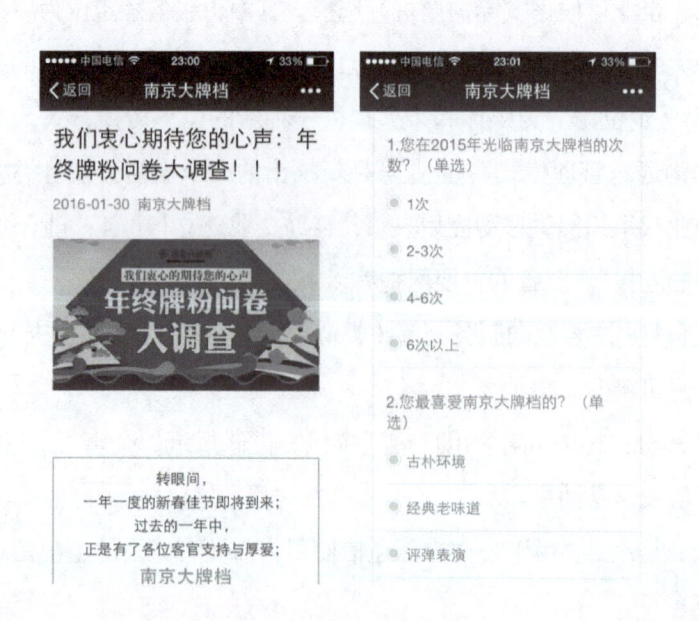

2. 产品展示

微信提供自定义菜单功能，因此可将餐厅简介、品牌文化、菜品服务、最新活动等信息分栏目直观地进行展示，尤其可以对于餐厅的招牌菜、新品、套餐等

核心特色做优先推荐，方便粉丝快捷地了解餐厅情况。例如，"木屋烧烤"将招牌美食、新品上市、新店开业等信息都在微信上进行展示，一目了然，如下图所示。

3. 客户服务

将微信的交流互动功能运用到客户服务之中，具有先天的优势。因为微信具有点对点沟通的私密性，顾客会更加愿意通过微信与餐厅沟通，包括提出各种疑问、意见、建议及投诉等，这对于提高餐厅顾客满意度和品牌亲和力意义重大。如"HEY YO 喜乳酪"通过微信自定义关键回复设置，智能回复用户疑问，并开辟"微信维权"通道，让顾客有更加便捷的投诉渠道，如右图所示。

4. 在线销售

在支付功能的支持下，微信可为餐厅实现在线订餐、选座、支付等功能，大大节约了传统收银、等位的时间，减少

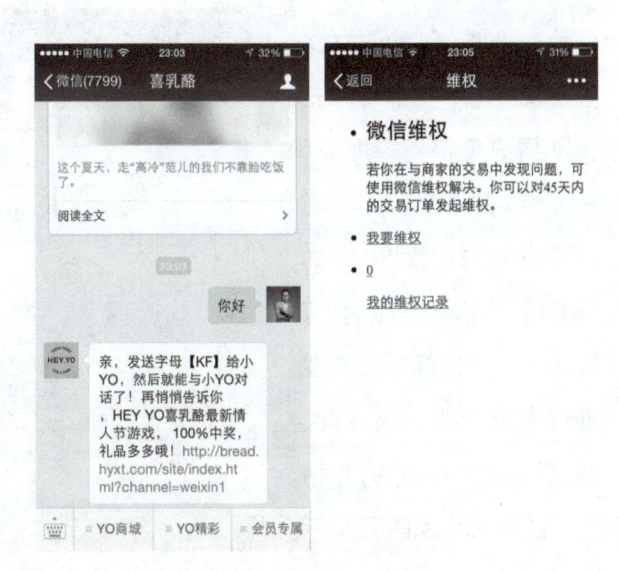

了人工成本。同时，餐厅也可利用微信开通外卖服务，增加营业收入。例如，"真功夫"餐厅通过微信开通了"功夫团膳"外卖服务，用户可通过手机直接在线订餐并支付，方便快捷，足不出户便能享用美食，如下图所示。

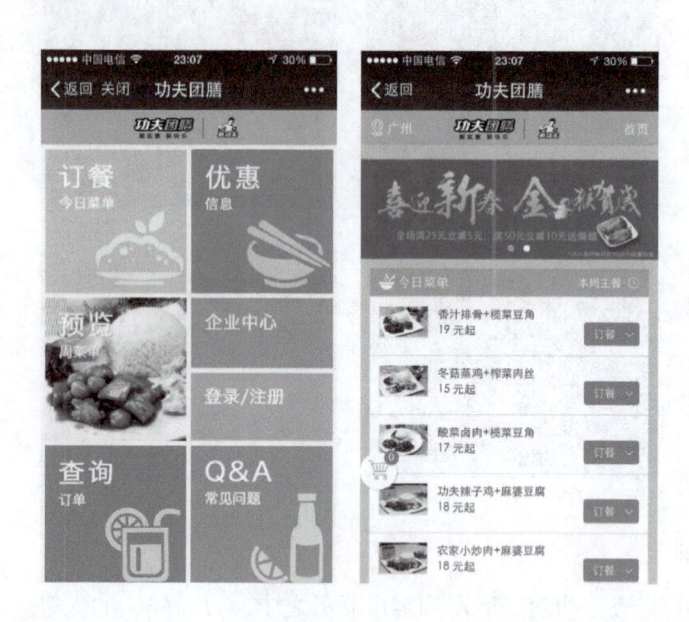

5. 互动营销

微信公众平台不仅能通过对话窗口与用户互动，还能通过在线活动、有奖问答、游戏互动等方式开展营销活动。例如，利用提供体验券、现金券、奖品等方式，发动用户免费为餐厅品牌做宣传，并引流至线下店面消费，增加餐厅营收。例如，"海底捞火锅"在微信上开发了一款"摇摇乐"游戏，通过有趣的线上大转盘游戏，吸引用户关注餐厅微信，参与游戏互动，如右图所示。

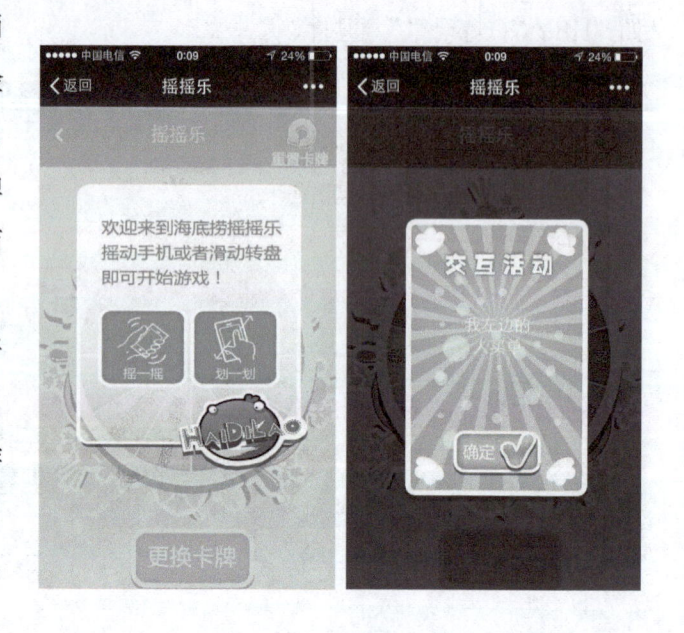

6. 会员服务

传统的餐饮企业会员系统一般采用会员卡形式，用餐时需要出示会员卡才能享受会员折扣。但微信能将餐厅会员卡电子化，用户只需关注微信公众号，填写相关资料信息即可在线领取会员卡，并可实现在线充值、支付功能，非常便捷。例如，"南京大排档"公众号开辟了"会员专区"，用户可免费领卡，在线注册即可成为会员，且能自动累积消费积分，还会不定期收到餐厅发出的优惠券，促进二次消费，如下图所示。

二、微信自媒体运营的五大步骤

了解了微信自媒体的六大价值以后，您是不是觉得打造微信自媒体已刻不容缓？曾经玩转微博的餐饮企业老板，面对微信自媒体却不一定能快速入门。毕竟微博属于开放式社交媒体，微信则属于强关系型社交媒体，两者有着明显的区别，因此在运营过程中也会有所区别。通常，微信自媒体运营分五大步骤展开。

1. 微信公众号定位

微信公众号分三个类型，定位各不相同。微信的服务号侧重于服务展示，订阅号侧重于媒体推广，企业号则偏重于内容、员工管理。餐饮企业在开展微信运营之前，必须先确定定位属性，如果主要以客服、订餐、会员管理为主，建议选择服务号；若主要针对餐厅社群粉丝打造一个互动、推广平台，建议选择订阅号；当公司规模达到一定程度，内部员工需要一个移动端的沟通平台，公司上下游供应链需要有更紧密的互动沟通，那么建议在拥有前面两种类型公众号的同时，建立一个企业微信号。

通常每个餐饮企业都会建立自己的服务号，其他两种公众号会根据实际情况选择，毕竟建立公众号只是第一步，后续的运营工作才是重点。在资源精力有限的情况下，前期建议聚焦服务号运营，如"真功夫"、"麦当劳"、"九毛九"、"喜乳酪"、"木屋烧烤"、"满记甜品"、"辣宴"、"安小粉"等餐饮品牌都以服务号作为定位，如下图所示。

2. 微信命名

目前，大多数餐饮企业都是以品牌名称作为微信名字，这是最好且最保险的命名方式。同时，为了体现品牌属性或者强调某个特色定位，也可在品牌名称前后加修饰词作为微信命名，这样既可以体现品牌个性，也突出微信公众号的定位。如"海底捞"餐厅分别针对火锅服务和餐饮大学做了两个不同的微信号，命名方式为"品牌名+后缀"，能让用户清楚地知道他们不同的功能定位；"安小粉"餐厅主打"干捞粉"，其微信服务号直接命名为"安小粉干捞粉"，简单明了，让用户很清楚地知道其品牌定位和经营品类，如下图所示。

3. 公众号介绍、菜单名及对应内容规划

微信公众号介绍，是用户选择关注微信号前看到的核心内容，它是对微信定位的进一步诠释，需简洁凝练、突出重点，让用户一看就有关注的兴趣。而菜单名，是用户关注公众号后弹出的主界面菜单，它的功能就如同传统网站的导航栏目，直接影响到用户最先了解的内容，因此，非常有必要梳理微信号最重要的板块作为菜单展示出来。如"很久以前"餐厅的微信公众号命名为"很久以前只是家串店"，简单的12个字介绍"会员价格专享，积分抵现使用"将公众号的功能清晰描述出来。进入公众号之后"全球门店"、"VIP"、"户外烧烤"三个菜单将产品展示、会员服务及门店展示三大核心内容清晰展示出来，如下图所示。

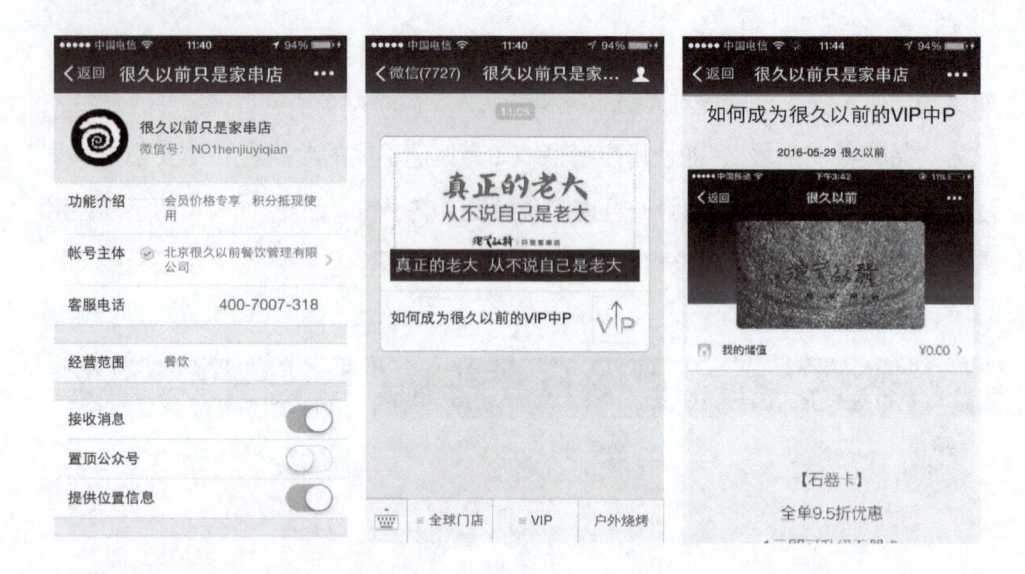

4. 微信认证，提高可信度

微信公众号如果没有通过认证，那就像无照经营一样，其可信度会大打折扣。认证过程如下：首先登录微信公众平台，点击进入"服务"→"服务中心"→"微信认证"中的"详情"，勾选"同意协议"后，进入下一步填写基本信息，上传营业执照副本扫描件、组织机构代码原件扫描件、填写好的微信认证公函。然后就可以确定微信账号的命名规则，根据规则提交资料，认证后进入付款界面，等待审核通知即可。通常认证过的微信号会有认证标识，如下图所示。

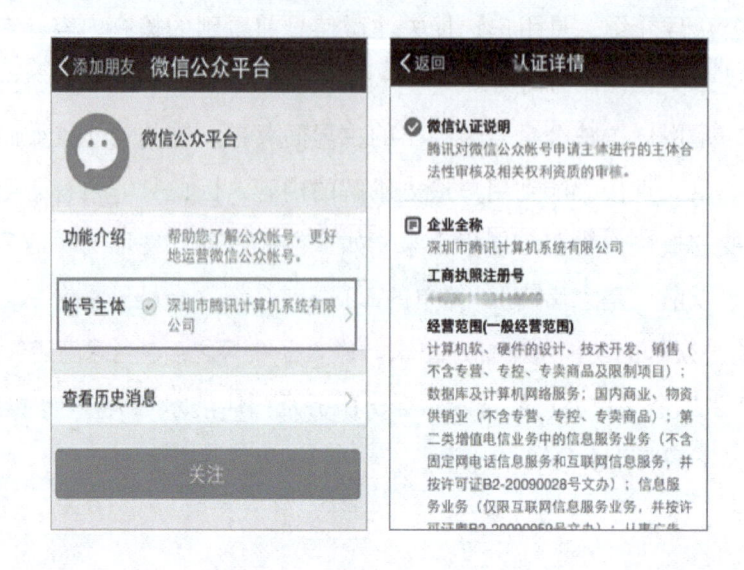

5. 微信的日常运营

当微信公众号搭建完成后，便可展开日常运营工作了，包括每月内容规划、图文撰写、每月线上活动策划执行、互动游戏开发对接、客户服务等工作。这些工作和微博自媒体运营一样需要有组织有计划地完成，并设定一定的 KPI 考核奖励，让专职人员各司其职、协调有序地经营。

三、微信运营"吸粉"的六大法宝

微信运营的最关键一步是"吸粉"，因为如果没有一定的粉丝基数，开展任何微信营销都是徒劳无功的。所以，如何让用户关注餐厅微信公众号显得尤为重要，通常餐厅粉丝的来源有以下几种。

（1）餐饮企业内部员工：内部员工应成为餐饮企业的第一批粉丝，因为他们是餐饮企业最忠实的拥戴者，他们认同公司的文化、价值，通过他们的朋友圈推荐，可吸引更多人关注餐饮企业公众号。

（2）线上微信传播：公众号发出的微信图文信息，通过朋友圈的分享传播，能吸引一部分人关注餐饮企业微信公众号，这部分人也极有可能成为餐饮企业线下的顾客。

（3）餐厅用餐顾客：这部分人是微信公众号粉丝的核心人群，几乎占据粉丝人数的 80% 以上。因此，如何将线下用餐人员转移到微信公众号上，是微信"吸粉"的关键环节。

通常，微信吸粉有以下六大法宝：

1. 关注后免费送菜品

这是一个百试不爽的"吸粉"方式，通常用在新店开张或新品上市期间，赠送的菜品不一定有多贵重，但一定要遵循"好吃"原则。如右图所示，"妈妈菜主题餐厅"举办了"关注微信免费送菜"活动，用户只需要关注官方微信并分享微信图文至朋友圈，即可免费获得秘制小菜一份，另外还可享受土猪肉 8 折优惠，如此大幅度的优

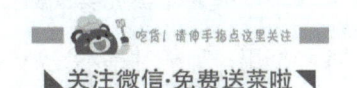

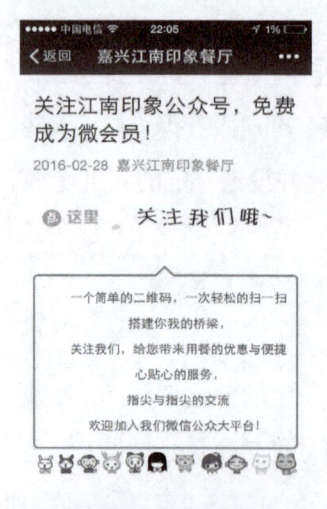

惠不仅能"吸粉"，还能充分利用顾客朋友圈的传播价值，让餐厅信息刷爆朋友圈。

2. 关注后免费打印照片

这个方法通常用在餐厅的等位区域，不仅能转移用户排队等位的注意力，还能为餐饮企业公众号吸引粉丝关注，因为所有的照片打印机都会设定一个打印流程，其中第一步便是关注微信公众号，随后的操作都是在微信对话窗口按提示进行。关于"照片打印"的内容在第五章第八节已有详细论述，此处不再赘述。

3. 关注后免费成为会员

一般餐饮企业的会员都享有积分换礼、会员特惠等待遇。平常办理会员卡也设有一定的门槛，如消费多少金额可免费办理，或者直接购买等。当这些烦琐且需要付出成本的行为变成"关注微信公众号"便可免费得到时，粉丝的关注热情就会被调动起来。同时，为了提高用户的关注率，餐饮企业可重点对会员权益做非常清晰地讲述。例如"江南印象"公众号举行的"关注即可成为微会员"活动，简单明了，并做了关注引导提示，"吸粉"效果极佳，如右图所示。

4. 关注后免费领取现金券

现金券对于消费者的诱惑力仅次于现金，它分为两种，一种是设定消费门槛才能抵用，另一种是不设消费金额限制，显然后者的吸引力更大。但餐饮企业也得考虑实际情况，对现金券的使用做出合理限制，毕竟使用现金券的目的是提高顾客二次消费和单笔消费金额，若背离这一初衷，活动就丧失了实际意义。右图为"上菜"餐厅微信公众号在"双十一"期间开展的"关注送现金抵用券"活动。

5. 关注后参与"霸王餐"活动

"霸王餐"活动成本相对较大，但吸引力也更大。通常餐饮企业会将"关注微信公众号"作为参与活动的第一条件，并附带其他的活动参与条件，且"霸王餐"的名额会进行限制，一方面为了控制成本，另一方面为了提高"霸王餐"的稀缺性价值。左图是"石头府音乐餐厅"举办的"第七次霸王餐活动。"关于"霸王餐"的内容在第五章第三节已有详细论述，此处不再赘述。

6. 分享微信图文链接享折扣等

这种方式在微信推广早期用得比较多，属于诱导性分享活动，通常这类活动会设定"集赞"数达到多少个可享受对应的折扣幅度，并设定最高"点赞"奖励。随着这类活动的泛滥，微信官方已经明文禁止开展，但依然无法阻止各大餐厅继续开展这类活动的热情。现在餐饮企业举办此类活动，建议遵循简化规则，尽量去掉"集赞"等门槛，设定分享朋友圈即可享受优惠。例如"100度比萨"餐厅举办的"分享打折！点赞白吃"活动，两大优惠同时推出，吸引力非常大，如下图所示。

四、餐饮业必看的四大微信案例

1. 肯德基（微信号：kfczhongguo）

肯德基的微信公众号定位为"提供 KFC 优惠券、最新产品和活动信息"，主要为用户提供在线获取优惠券、在线获取最新活动信息及在线预订服务。用户通过"优惠券"自定义菜单可全面了解肯德基最新优惠券、会员福利及最近活动的相关信息；同时提供"自助服务"菜单，用户可通过微信自助点餐，享受宅急送服务等；此外，针对肯德基"WOW 会员"开辟了会员专区，里边设有会员信息查询、K 金兑换、周二会员日等与会员权益密切相关的功能，如下图所示。

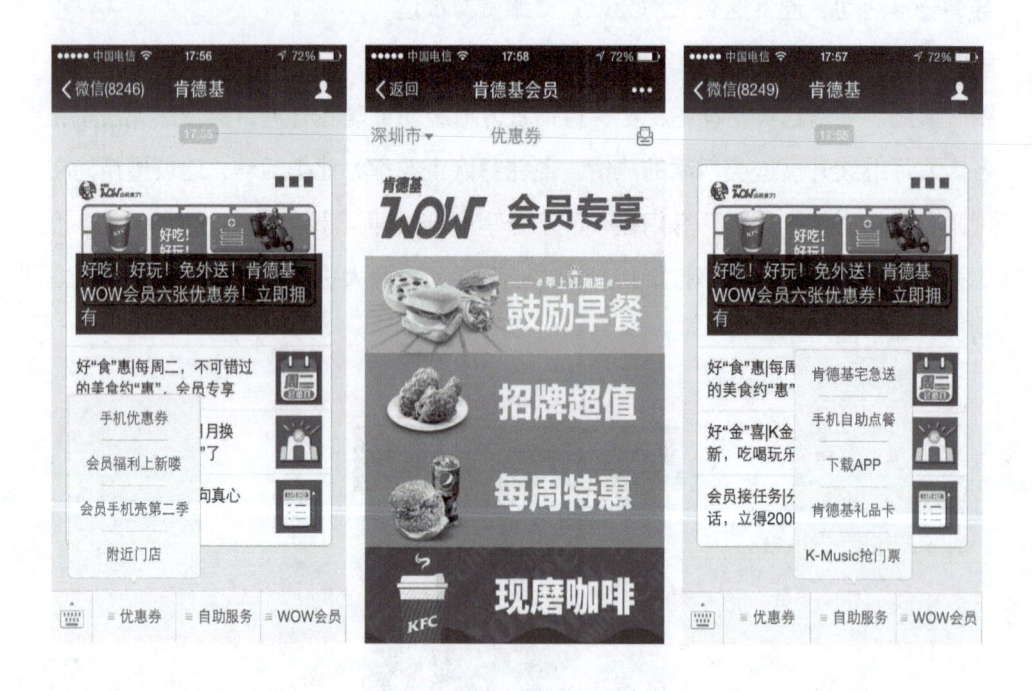

对于普通消费者来说，关注餐饮企业的公众号很大程度上是为了了解餐饮企业最新的优惠活动信息。"肯德基"抓住了这一需求，定期提供各种优惠券及优惠活动，不断刺激用户的购买欲望。而用户使用优惠券也非常简单，只需要提前在微信公众号"优惠券"栏目领取对应优惠券，消费前用手机出示该优惠券即可。

2.伏牛堂（微信号：funiutang）

伏牛堂是国内互联网餐饮品牌的典型代表，对于微信自媒体的运营倾注了很大的精力，做得非常出色。他们不仅创建了服务号"伏牛堂订餐号"，而且还经营了一个订阅号"伏牛堂"。两个微信号定位各有不同，其中"伏牛堂订餐号"定位为"在线订餐、品牌宣传及会员管理"，由"外卖菜单"、"个人中心"、"菜单故事"三个板块组成，如下图所示。

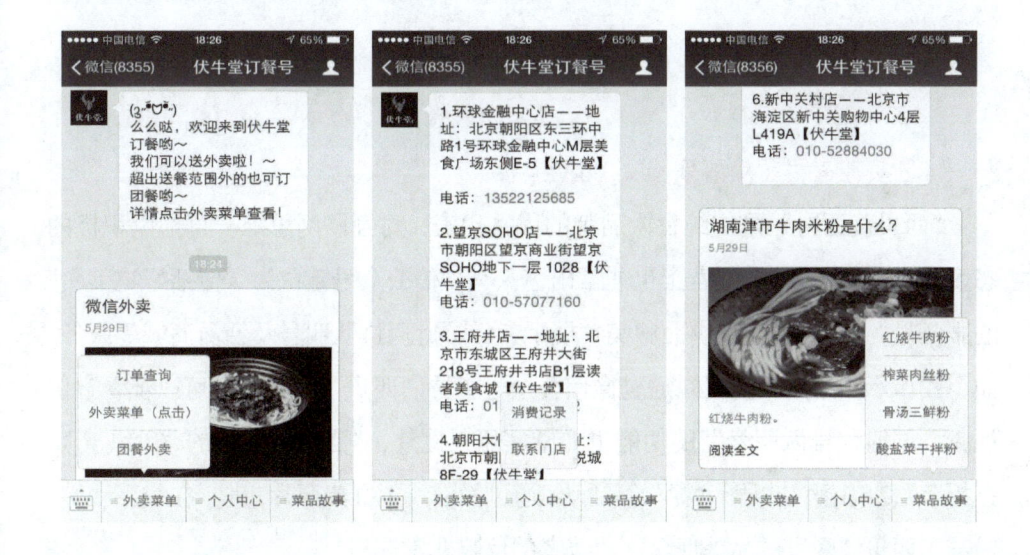

（1）外卖菜单：主要提供外卖、团餐外卖服务，用户可在线选餐、支付、查询订餐进度。

（2）个人中心：为用户提供消费记录及相关门店信息查询服务。

（3）菜品故事：内容主要是对餐厅招牌菜式的推荐和介绍，让用户进一步了解品牌与产品。

订阅号"伏牛堂"主要以"传播品牌文化"为主，由"买牛肉粉"、"肥书生原创"、"美国代购粉"3个主菜单组成，通过对品牌文化的宣传，如"伏牛一日记"、"伏牛传"、"肥书生杂文"等内容的推送，不断吸引认同品牌价值的用户关注微信，并适时推出文化实物载体"霸蛮粉"，做起了电商，手段十分高明，如下图所示。

3. 西贝莜面村（微信号 xibeibeijing）

"西贝莜面村"是传统餐饮品牌的优秀代表，对互联网思维一直抱以积极的态度，在微信自媒体的运营上也非常出色。其微信公众号定位为"传播好吃美食"的服务号，主要为用户提供品牌美食展示、在线预订、排队叫号及会员商城等服务。如下图所示，用户不仅可以通过微信公众号查看"西贝"美食，还可以观看宣传视频，同时"排队叫号"的功能也非常实用。此外，"西贝"策划的"2.14亲嘴打折节"、"6.1萌娃摄影大赛"等活动，通过微信线上征集照片，进行在线互动等，沿袭了西贝"爱"的品牌理念，消费者的反响非常热烈！

4. 星巴克（微信号：xingbakezhongguo）

作为国际知名咖啡品牌，"星巴克"的企业发展战略一向非常注重数字媒体与社交媒体，其官方微信平台是企业数字化战略中重要且坚实的一步。自2012年8月28日正式开通微信号，截至2012年12月，短短几个月"星巴克中国"微信号粉丝数便超过40万，累计互动次数达数百万。

1）用音乐传递心情的"自然醒"活动

2012年8月28日，"星巴克"开启微信公众号的同时，也推出了由"星巴克冰摇果莓沁爽"和"星巴克冰摇青柠沁爽"两款产品组成的"冰摇果莓沁"爽系列，并为此次新品的上市策划了"自然醒"主题活动。

活动期间，关注"星巴克"微信号，只需发送一个表情符号，无论是开心、悲伤还是愤怒，"星巴克"都会立即回复，使用户即刻获得"星巴克"《自然醒》音乐专辑，聆听依照个人心情调配的专属曲目。

据统计，截至2012年9月2日，通过这次活动，"星巴克中国"微信号积累了超过6.2万粉丝，平均每天收到2.2万条信息，且大部分以参与活动的表情互动为主。

2）利用节假日开展微信推广活动

为了迎接圣诞节，星巴克在2012年11月6日—11月30日推出"魔力星愿店"活动，并在微信公众号策划了"魔力星愿12天"活动。活动期间，关注"星巴克"

微信号的粉丝可以通过微信互动获得独家优惠,且每天优惠内容都不一样。同时,"星巴克"设定了专属手机壁纸12份,回复数字1~12即可获得。

"星巴克"此次活动充分结合了人们在圣诞节"许愿"的行为习惯,通过微信互动不断送给用户各种"礼物",随机的送出方式制造了不断的惊喜,定制的12份手机壁纸也非常贴心,满足了不同用户的喜好。

最终,仅11月30日一天,"星巴克"官方微信就收到了近38万条粉丝发来的消息,微信粉丝活跃度非常高。同时,通过发放优惠券,线下门店商品的销量增长也很可观。

第三节　如何玩好餐饮视频自媒体

《黑马公开课》主讲人黑马良驹曾说过："对于自媒体人而言，流量越来越便宜，生产的门槛正在降低，平台越来越多，人人都可以做视频自媒体的时代正在来临。"

新媒体专家丁辰灵表示："文字性自媒体已经颠覆了传统纸媒，视频自媒体颠覆电视是迟早的事情。"

面对传统电视媒体高昂的广告费，以及网络时代用户阅读习惯的转变，餐饮企业自然不能错过低成本的视频自媒体。而在这方面运用自如的餐饮品牌要数"黄太吉"。2015年1月23日，"黄太吉"与"春光映画"联合出品了搞笑创业喜剧《我要你开花》，上映之后迅速吸引了很多餐饮企业组织员工观看。虽然最终只获得77万元的票房，但作为餐饮品牌首次跨界玩电影的创举，这部电影为"黄太吉"赚足了口碑，以至于电影《煎饼侠》一上映，就有很多人问赫畅是不是又拍了一部电影。

当然，拍电影这类视频推广手段成本并不低，但相比于电视广告的投放费来讲，也并不一定高，且电影在内容植入形式和传播深度上显然更胜一筹。同时，在视频自媒体的玩法里，还有更加低成本、高效率的方式。例如，2014年9月10日，苹果新品发布会结束后，其CEO库克的名言"Bigger than bigger"红遍网络，"黄太吉"借势推出了恶搞版广告，"黄太吉"的首席设计师Geoffrey Dean Torrws一脸严肃地为大家介绍"黄太吉"家的煎饼果子，从做法到营养价值、用料配比等，都带着营养科学的态度和科技冷艳范儿，别具一格，让人忍俊不禁，迅速被网友疯传。

扫二维码观看视频

餐饮视频玩法非常之多，拍一部餐饮主题电影、创作一支餐厅厨房舞曲、拍摄一段介绍餐厅环境和美食的短片等都是视频内容创作的方式，餐饮企业可以根据自身定位和资源配置情况合理选择。当然，视频内容制作仅仅是其中一环，要玩好餐饮视频自媒体，必须遵循以下五大步骤。

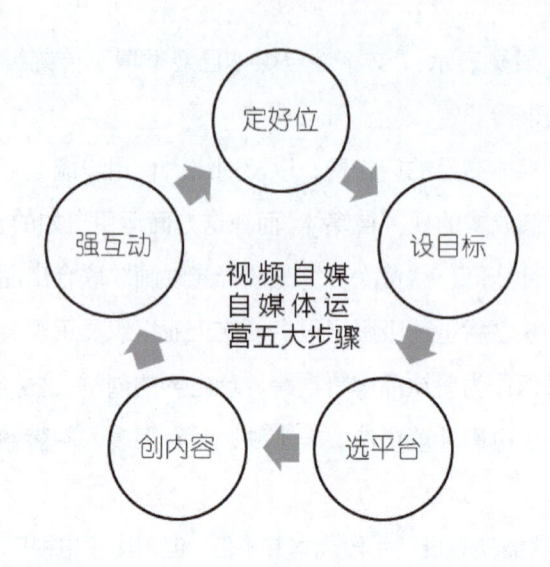

视频自媒体运营五大步骤：定好位、设目标、选平台、创内容、强互动

一、定好位

为了避免视频自媒体营销无章可循，餐饮企业必须为其定好位。视频定位的过程就是挖掘品牌价值、产品卖点，以及寻求目标受众需求的过程，以此明确视频核心诉求，再根据用户的兴趣点，选择合理的视频表现形式进行内容创作，这样创作出来的视频自然更有价值。

例如，湘菜餐厅"辣都不是事"在2015年1月开业前，选择用一个娱乐恶搞类的视频"we are coming"来表现品牌"辣"的特质和开业信息，视频定位为"品牌传播"，并采用动漫制作，配上明星们的"神剪辑"，充分抓住了80后、90后主流消费人群"卖得了萌，耍得了贱"的个性，让人在了捧腹大笑后不由自主转发。借助疯传的视频，在元旦开业前,全城尽知"辣都不是事"这个餐饮品牌，开业当天店里生意更是火爆异常。

扫二维码观看视频

二、设目标

"凡事预则立，不预则废"。餐饮企业在开展视频营销时，需设定明确的推广目标，对视频内容制作质量、数量、传播频次、曝光量及互动等方面都应当有非常明确的目标。只有这样，在视频自媒体运营过程中，才有目标可参考，同时，它也可作为整个运营团队的考核指标。拥有明确的目标一方面便于对视频推广效果进行评估，可为后续视频推广提供参考；另一方面，视频传播互动过程中收集到的反馈信息，也可为餐厅经营决策提供依据。

三、选平台

目前，免费的网络视频平台非常多，如"优酷"、"土豆"、"爱奇艺"、"搜狐"、"微视"、"秒拍"等，都能成为餐饮企业视频自媒体推广的平台。但总结起来主要分两类，一类是"长视频"网站，如"优酷"、"土豆"、"爱奇艺"、"腾讯视频"、"搜狐视频"等以长视频为主的网络平台。这类视频网站又分三种：第一种是纯视频定位的网站，如"土豆"、"优酷"等；第二种是依附网络媒体的视频网站，如"搜狐视频"、"新浪视频"、"网易视频"等；第三种是依附播放器、电视等其他视频相关产业的视频网站，如"爱奇艺"、"乐视"等。这几类长视频网站各具特色，各有优势，都具有分类清晰、内容丰富、形式多样等共性，目前主要是第一种网站占据主导地位。

与"长视频"网站相对应的另一类是"短视频"网站，这也是近两年炒的非常火的商业模式，目前主要由"美拍"、"小咖秀"、"微视"、"趣拍"等APP占据主流，这类平台凭借内容简短、操作简单、成本低等优势受到很多餐饮企业青睐。

餐饮企业在选择视频平台时，先要对各类视频网站有大致的了解，并选择主流的平台进行视频投放，但也并不是平台选择越多越好，因为每个企业的精力和时间都非常有限，单个平台的精耕细作往往比广撒网式的推广更有效果。

四、创内容

互联网时代有一个不变的真理——"内容为王"，视频自媒体运营的成功与否，与视频内容密切相关。餐饮企业进行视频内容创作，不能违背视频媒体的整体定位，这样才能保证视频内容的系统性和连贯性。同时，在视频内容创作中，我们总结了一套视频创作"八字方法论"——"热、炒、娱、情、奇、特、亮、色"。

热：热点视频，充分借力各种新闻热点进行内容创作，如"黄太吉恶搞苹果"。

炒：炒作视频，制造一定的舆论话题，类似"蜘蛛侠送餐"。

娱：娱乐视频，整合各种明星、八卦、搞笑的素材进行创作，如"辣都不是事"餐厅的"we are coming"。

情：情感主题视频，关于亲情、友情、爱情、师生情等，以情动人，如"百事可乐"的"家"系列视频。

奇：奇趣视频，通常从一种高超的技艺或闻所未闻的事件进行切入，如有关菜品制作工艺介绍的视频。

特：特色视频，能直观展示产品特色、差异化特征，通常以企业广告片形式出现。

亮：亮点视频，对产品、服务等环节的亮点进行展示，如"57度湘"餐厅的"抄手舞"视频。

色：颜色视频，通过各类性感模特、美女进行视频创作，并植入美食、环境、品牌等相关信息。

五、强互动

制作好视频内容后，再根据视频的长短，有计划地选择视频网站发布视频。同时通过一定的内容设置和福利活动，鼓励用户转发评论，与粉丝建立良好的沟通。例如，某餐饮企业制作了一个关于餐厅美食的视频，在"优酷"、"土豆"等网站同步发布，这时可同时在微信、微博平台发起"转发/评论/分享朋友圈"参与"霸王餐"免费吃活动，如此不仅可将线上的用户吸引到餐厅，还可鼓励餐饮企业现有的用户参与视频的传播，微博、微信、视频三大自媒体联动，打造自媒体传播体系。

此外，餐饮企业除了遵循以上五大步骤外，还可在视频认证、异业商户合作、视频内容征集等方面切入。总之，视频自媒体运营与微博、微信等其他自媒体运营原理相同，都是围绕用户需求点、兴趣点做文章，核心就是经营社群、经营人，只是传播渠道属性不同，内容创作的表现形式和互动方式有所差异。

第八章

平台思维：两大 O2O 平台助力快跑

餐饮 O2O 是当下互联网的热点，也是餐饮互联网思维中"平台思维"的重点。目前，借力 O2O 平台为餐厅搭建 O2O 运营体系，几乎成为每一家餐饮企业拓展市场的必经之路。无论是最初的"团购模式"，还是后来居上的"外卖模式"，在整个餐饮生态的发展过程中，都扮演着重要角色。作为餐饮企业线上的延伸，O2O 平台可为消费者提供消费指南、优惠信息、便利服务（预订、在线支付、地图等）和分享等，让线下商户更加专注于提供优质产品。

第一节　团购平台

团购这一模式最早起源于美国的 Groupon 网站，消费者可以通过互联网平台组织成团，再凭借集体购买的优势，从商家取得购买同一种商品的较低折扣价。随着互联网的普及，网络团购模式如虎添翼，在国内外迅速发展，因其实惠便捷的优势广受现代消费者的青睐。

据《2016 年团购现状调研及发展趋势报告》显示，2005—2006 年，中国的团购市场基本处于萌芽状态，2010 年逐渐步入蓬勃发展的阶段。2011 年团购行业经历"千团大战"与轮番洗牌，最终形成"美团"、"大众点评"、"百度糯米"三家独大的垄断局势。到了 2015 年上半年，中国团购市场成交额已经达到 770.1 亿元人民币，与 2014 年同期相比增长了 167.7%，其中餐饮美食团购成交额为 483.4 亿元，同比增长 316.8 亿元，餐饮类团购占据了六成以上的市场份额。

毋庸置疑，团购平台对于餐厅初期引流及提高知名度，确实发挥了一定的作用。然而，他们却在疯狂扩张中逐现"畸形"，甚至泛滥成为全行业的价格战，不仅餐厅惨遭平台"剥削"，迫不得已牺牲品质、降低价格，消费者对团购的体验满意度也急剧下降，各地甚至出现商家联合抵制团购的现象。

那么，团购真的已经成为"过去式"了吗？

一、团购，想说爱你不容易

团购平台的本质是通过品牌与流量优势吸引商家以低价进入，商家则希望通过团购平台吸引更多的用户进店消费，以达到宣传品牌、沉淀用户的目的。

在团购盛行时期，团购平台甚至一度成为人们出行消费的指南，大部分用户会通过团购平台搜索和筛选出行目的地的餐厅，以此来决定自己的消费选择。因此，团购平台的引流作用确实明显。尤其对于初创型餐饮企业和小型餐厅，在开业、节假日等特殊时期，团购对于提高店内的人气意义重大。团购平台已然成为线上必不可少的营销手段。同时，团购平台上汇聚的消费数据，一定程度上也为餐厅经营管理的优化和升级，提供了有力的参考依据。

然而，团购发展的另一面，也让商家们爱恨交织。团购平台往往通过压低团购价格来获取更多的团购量，吸引更多的合作商家进驻，这是传统团购平台的惯用手法。但这种做法却整体降低了线上用户对商家的忠诚度，吸引大批"价格敏感型"用户，一旦团购优惠力度减小或消失，这类用户极有可能随之流失。同时，商家为了迎合用户的低价需求，不得不以牺牲产品和服务质量为代价，从而导致用户消费体验下降，不利于餐饮企业长远发展。

另一方面，团购平台的发展壮大必然导致进入门槛的提高。初创之时，团购平台对上线商户也许是零门槛，甚至会给品牌商家很大的扶持。但随着越来越多的商家进驻团购平台，平台逐渐发展壮大，掌握话语权，商户再想借其"东风"就没那么容易了。此时，商户需要将辛苦获得的利润让出更多份额给平台，这让本就经营不易的实体商户更加举步维艰，更何况有时团购平台间为了抢夺消费者而大打价格战，将团购价越压越低，让商户的经营陷入更大的困境。

二、不可忽略的团购三大价值

尽管依照目前国内团购平台的发展模式，商户难以借助平台实现较高的营收，但团购模式依然有其存在的价值，是餐饮企业经营中不可忽略的营销手段之一。

价值一：拓宽餐饮企业展示渠道，精准投放广告

在团购平台尚未兴起的时候，人们往往会通过百度贴吧、论坛等平台，甚至仅凭亲朋好友的相互推荐来搜寻自己所需的信息。很显然，通过这类方式所能了解和掌握到的信息相当有限，更毫无系统性可言。对经营商户来说，也无法针对消费者这种分散的线上行为，采取精准的营销措施，只能被动地依靠既有的用户

进行"口口相传"。

然而，团购平台的出现，解决了商户们面临的这一窘境。通常团购平台都有移动端 APP，利用当前成熟的 LBS 技术，能准确定位用户位置，并按照距离范围，精准地向用户推送周边商家团购信息。同时，团购平台会按照行业进行分类，用户若要寻找美食，可直接点击"美食"栏目，根据口味进行筛选。

例如，用户打开某团购网站 APP，想找附近 1000 米范围内的湘菜馆，只要点击"美食"栏目的"川湘菜"，附近所有川湘菜餐厅便会按照距离远近排列出来，且每个餐厅的优惠、团购、优惠券、星级等信息一目了然。借助这些指标，用户便可轻松找到想去的餐厅，如下图所示。

基于消费者使用习惯的转变，团购平台无疑能为餐厅的线上推广提供很好的宣传渠道。相较于传统的广告传单和电视广告，一方面，团购平台的免费门槛更具性价比；另一方面，团购平台是一个不断收集用户消费行为的大数据库，它能智能捕捉用户的消费习惯，实现更精准的营销。

同时，用户多数是在有用餐需求的情况下，才会在团购网站查询餐厅，因此消费目的性更加明确。相比"广撒网"的传统广告投放模式，团购平台能给餐饮企业提供更高效的广告平台。

价值二：消费点评功能，让餐厅更了解用户

"买家秀"是当下比较热门的词汇，是指购买了某种商品的顾客对产品的实际效果进行展示。"买家秀"之所以受到众多网友的追捧，原因在于网络平台上消费者与商家之间的信息不对等关系，这也造成了众多网络用户希望通过"买家秀"来了解商户提供产品信息的真实性。其实，团购平台上的用户点评功能与"买家秀"的作用类似。

越来越多的消费者在使用团购平台时，会重点关注其他消费者对该商户的消费评价，并以此作为衡量商户优劣的重要标准之一。当然商家完全可以通过提升自身的服务及产品质量来打造好口碑，也可以借此更好地了解消费者对餐厅菜品服务的满意度和喜好。下图是用户对一家"蒸汽海鲜馆"的点评，其中对价格、餐品、服务环境的一些点评非常中肯，这对商家后续调整经营策略帮助极大。

美国有一家意大利餐厅曾在点评网站上非常出名，原因并不是餐厅的菜品有多么精致美味，而是因为这家餐厅在点评网上获得的评价几乎全是一星差评。所有的一星差评其实都是餐厅老板的营销手段，起初餐厅因为服务风格与美国式服务不相符而遭到客人的投诉与差评，于是老板反其道而行之，鼓励食客在点评网站上给餐厅差评，以至于现在你看到点评网站上的差评都分不清是真是假，完全

消除了差评对餐厅的负面影响，而且有些评论相当逗趣，引来了更多人的关注。

```
Julia S.                    ★★★★★ 1/11/2016
Sulsun City, CA
7 friends                   Haven't been there yet...going tomorrow. Chose this
1 review                    restaurant due to their website and I'm sure I won't be
                            disappointed!
```

"还没去过这个餐厅，打算明天去。选这个餐厅是因为他们的网页。应该不会失望吧。"

```
Michael H.                  ★★★★★ 9/19/2014
Martinez, CA
0 friends                   This is truly the best one star restaurant I have never been
5 reviews                   to. I agree with Don N. Why no sushi? You can make sushi
                            pizza. Or pizza sushi. You should rename your restaurant
                            "pleY" because have turned yelp assbackwards.
```

"这是我到过的最好的一星差评餐厅了。不过为什么没有寿司？你们可以做寿司披萨，或者披萨寿司啊！"

```
Jerry B.                    ★★★★★ 9/19/2014
Chicago, IL
0 friends                   I have never even been to this restaurant nor have I ever
3 reviews                   been to this city. I live in Chicago. But, I get bad vibes. In
                            fact, I had a dream that I ate there and it sucked. Don't eat
                            the seafood risotto. It tasted like my pillow. Do they serve
                            seafood risotto? No. I don't even want to know.
```

"我从来没有到过这家餐厅，也没有到过这城市，我住在芝加哥，但我也给差评。我做了个梦我在那里吃饭，味道很差。别吃那里的海鲜烩饭，跟吃枕头差不多。他们有卖海鲜烩饭吗？不知道。"

上述这家餐厅借助差评来进行营销虽是特例，但其利用点评网站与消费者实现高频互动的方式却值得众多商户学习。正如你跟一个老婆婆说"我觉得你很美"，她不会认为你是在恭维她。但如果说"我听过隔壁的大爷夸您很美"，她倒有可能深信不疑。同理，消费者更愿意相信消费者所说的话及所做的评价。利用好消费者的这一心理，借助团购平台的点评功能，及时调整经营策略，可以让餐厅在团购平台上更"吸睛"，引流效果自然更佳。

价值三：分析数据透析行业现状，打一场有准备的仗

团购平台作为一个互联网应用平台，无时无刻不在记录商家和用户的消费行为轨迹，自然积累了强大的数据库。透过这些数据，商户不仅可以了解自身的优势与劣势，还可以了解同品类市场的竞争情况。

例如经营一家烤鱼餐厅，可以通过团购平台数据清楚地了解到，周边还存在多少同类型的烤鱼餐厅正在与你竞争，而他们又是以什么样的优惠价格和方式在吸引消费者，他们经营的菜品中又有哪些你所忽略的特色……这些都可以通过团购平台得出答案，如下图所示。

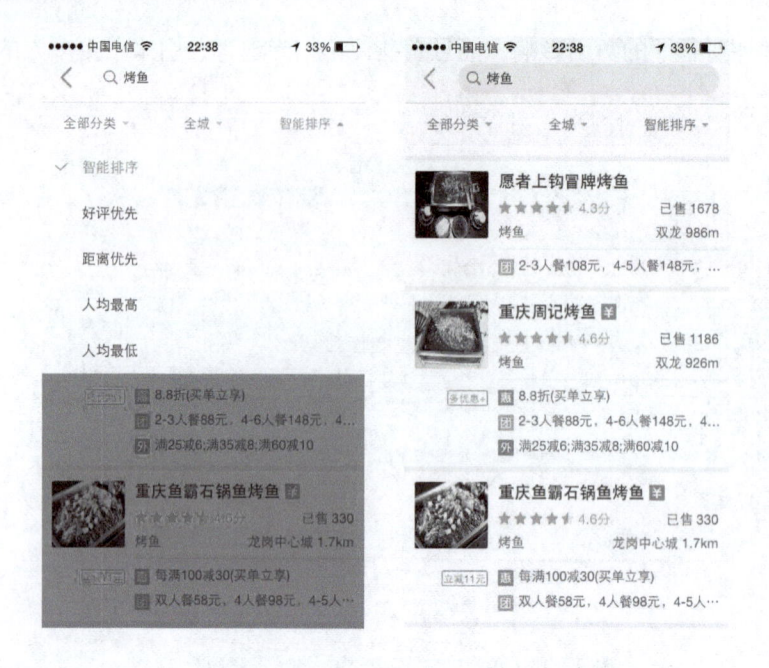

借助团购平台，餐厅可分区域对同品类市场进行详细地数据分析，包括行业竞争者数量、市场的饱和度、用户消费习惯及商家自身的竞争优劣势等，从而更透彻地了解行业现状，并从中挖掘出市场空白点及自身独特优势。这些数据不仅为餐厅发展战略的规划提供数据支撑，也让餐厅在激烈的市场竞争中知己知彼。

三、团购平台选择，视自身需求而定

根据第三方机构易观国际出具的报告显示，在2015年上半年，"美团"稳居团购市场的霸主地位，拥有团购市场51.9%的交易份额，而"大众点评"紧随其后，也交出了29.5%的不俗成绩，此外"百度糯米"的交易份额也达到了13.6%。除了上述三大团购平台外，其他平台如"窝窝团"、"拉手网"等加在一起也仅占据了团购市场5%的交易份额，如下图所示。

面对如此多的团购平台选择，商户们是该选择强势的团购巨头进驻，还是选择具备一定潜力、竞争相对没那么激烈的普通平台？是该选择进驻单平台专供，还是多个平台全面铺开？

目前，团购平台在一二线城市已十分普及，正处于相对成熟的发展状态，各平台之间的竞争也没有刚兴起时那么激烈。各平台之间似乎达成了一种无形的默

契，所采用的团购优惠方式、促销力度等都如出一辙。因此，对于消费者而言，团购平台之间并不存在较大的差异，所以选择相对随机，主要以市场知名度作为衡量依据。换言之，商户可优先选择市场份额占比高的团购平台，再辅以其他平台进行"广撒网"式布局，让餐厅的"广告"覆盖率尽可能扩大。这样一来，从各个团购平台进入的用户都可能看到你的餐厅，无形中提升了餐饮企业的知名度。值得注意的是，当商户选择了多团购平台合作时，应当保持市场售价的一致性，避免团购平台的用户在消费时产生不必要的误会，有损商户的信誉。

2015年上半年中国团购市场厂商交易份额

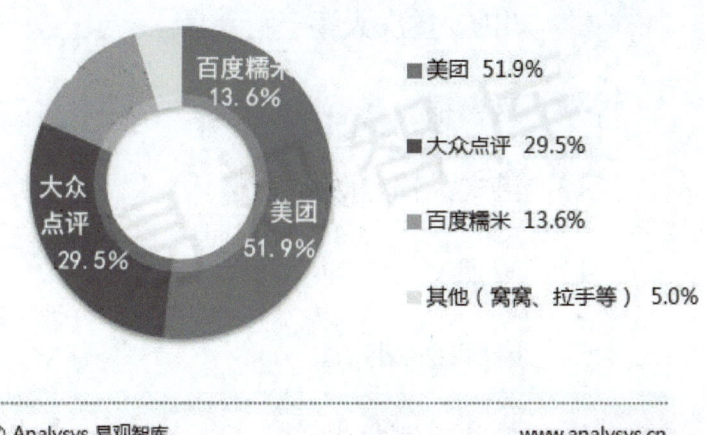

- 美团 51.9%
- 大众点评 29.5%
- 百度糯米 13.6%
- 其他（窝窝、拉手等）5.0%

© Analysys 易观智库　　　　　　　　　　　www.analysys.cn

倘若在三四线城市，团购尚未普及，团购平台急需在短时间内提升知名度、完善当地商户的进驻、拉动用户使用率的增长，这时有可能出现团购平台争夺商家进驻的情况。团购平台间会暗自较劲，将合作福利最大限度让予商户，如保证进驻商户的最低收入、提前打款回笼资金等，但往往也会要求商户与之签订独家入驻协议。这种情况下，商户不妨考虑选择独家平台入驻，在一定程度上保障入驻团购平台后的基础赢利。

总而言之，是选择单平台合作还是多平台合作，商家需要根据自身的需求及市场的实际情况加以权衡，做出最经济实惠、最有利于餐厅发展的选择。

四、不得不分析的团购用户数据

前面提到团购平台数据能够用于分析行业现状,帮助商家进行市场分析,做好战略规划和竞争准备。除此之外,团购平台上的数据也能帮助商家进行客群分析及用户行为习惯和喜好分析,从而为精准营销提供数据保障。如下图所示,在"美团点评"公布的《2015年国人餐饮消费报告》中显示,火锅是不同地域、不同季节中老百姓们都喜爱的美食,而其中正宗的川味、重庆火锅最受欢迎,独占鳌头,其次为鱼火锅、港式火锅。

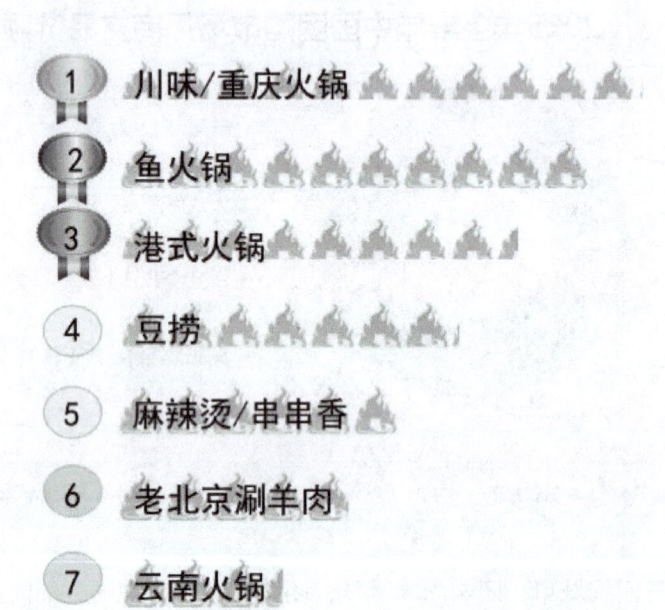

1. 川味/重庆火锅
2. 鱼火锅
3. 港式火锅
4. 豆捞
5. 麻辣烫/串串香
6. 老北京涮羊肉
7. 云南火锅

同时,由于用户在使用团购平台前,都需要先进行注册,并完成个人相关信息的登记,包括用户的年龄、性别、居住区域等,这些用户数据能够帮助商家进行初步的客群分析。"美团点评"公布的《2015年国人餐饮消费报告》中显示,其平台女性用户占比为70%,而中国网民中女性网民占比为44.9%,可见"女吃货"数量在团购平台中呈压倒性优势。在年龄层方面,年龄在20～30岁的用户是美食用户的主力军,总占比达59%,如下图所示。

此外,团购平台在提供团购这种基础推广方式的同时,也配以现金券、优惠券等其他形式，商家在选择各种不同形式进行团购推广时，可根据销量、用户点评等情况进行综合评价，分析出哪一种菜品组合更有效、哪一种推广形式更符合用户消费习惯，从而提高营销的精准性和效率。

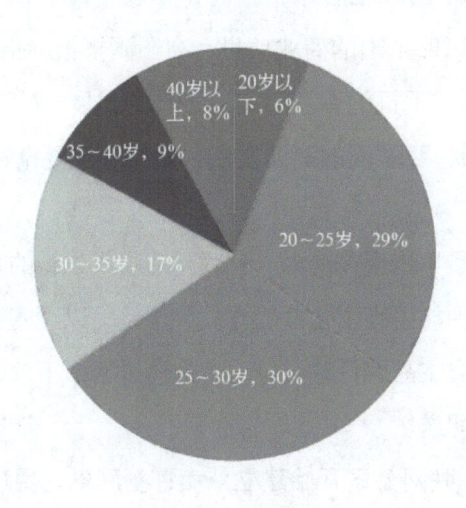

【鹤九三问】

（1）团购真的一无是处，未来将惨遭淘汰？

（2）您的餐厅是否对团购形成了依赖？

（3）团购平台的数据价值，您是否充分利用了？

第二节 外卖平台

据考证，外卖最早出现在唐末，当时是指在食肆、酒楼打包带走的食物。南宋时，外卖成为了风靡全国的商业项目，高端酒楼相继推出了预约送餐服务。20世纪末，由于电话、手机的普及和交通工具的发展，外卖运作的速度提高了5~10倍。到了今天，互联网的高速发展，使得外卖逐渐被打造成多渠道、多方式的潮流行业。

现代的外卖体系最早出现在美国。互联网及个人电脑的普及，让美国连锁餐厅发现了"外卖"这种能提高营业额的方式，于是，以"麦当劳"、"肯德基"为首的西式快餐建立了自主品牌订餐系统，客户通过网络下单，系统识别客户地址后由最近的门店进行配送。

2008年前后，互联网公司开始建立外卖订餐网站，用户能通过网站找到附近可送餐的餐厅，选择菜品后等待送餐员上门。

2009年，国内最早的外卖平台"饿了么"在上海创建。伴随智能手机在全世界的普及，移动支付逐渐成为主流支付模式，外卖平台全面打通"在线付款"闭环，并进入高速发展阶段。

资本市场的介入，使得如今的外卖江湖异常热闹。2014—2015年，经历一轮外卖收购和倒闭潮后，仅有一些本地外卖平台仍活跃在二三线城市。2016年3月，海外外卖巨头"外卖超人"宣布退出国内市场。自此，国内外卖行业近9成的市场份额由"饿了么"、"口碑外卖"、"美团外卖"、"百度外卖"等平台瓜分。2016年，资本紧缩，外卖平台逐渐减少"烧钱补贴"的力度，外卖市场进入"拼服务、拼质量、拼速度"的打硬仗阶段。

据易观智库数据显示，2014年第一季度，我国互联网餐饮外卖市场成交额为21.6亿元，其后每个季度保持至少20%的增长，第四季度市场规模达到60.2亿元，全年交易规模为151.6亿元。2015年我国互联网餐饮外卖市场交易规模为457亿元，同比增长201.2%。据业内专家分析，未来5年我国互联网外卖行业仍然会保持高速增长，预计在2018年达到2455亿元的市场规模。

2014Q1—2015Q4中国互联网餐饮外卖市场交易规模

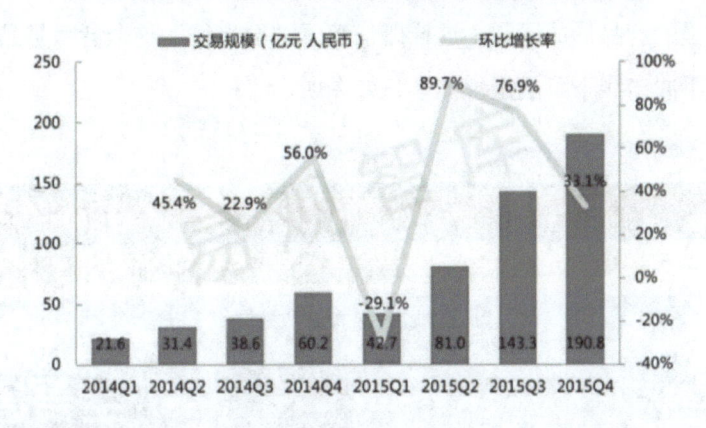

季度	交易规模（亿元 人民币）	环比增长率
2014Q1	21.6	
2014Q2	31.4	45.4%
2014Q3	38.6	22.9%
2014Q4	60.2	56.0%
2015Q1	42.7	-29.1%
2015Q2	81.0	89.7%
2015Q3	143.3	76.9%
2015Q4	190.8	33.1%

潜力如此巨大的外卖市场，让餐饮企业们纷纷开启了外卖模式。然而，究竟该如何选择外卖平台？是选择直接入驻现有外卖平台，共享其用户和流量，还是自建外卖平台，打造有特色的个性化外卖体系？

一、开展外卖应当重视的4个问题

外卖是餐厅扩展盈利能力的有效渠道，它减弱了餐厅对地理位置的依赖，将用餐场景扩大到店面之外更大的范围。通过外卖，餐厅可不受用餐时间、地点的约束，最大限度发挥产品部门的价值，从而降低边际成本，提高餐厅的营业额和利润。但餐厅在开展外卖业务前，应该弄清楚4个问题。

1. 外卖定位

在大多数人眼中，外卖是快餐的代名词。大多数餐饮企业选择开设外卖业务，是出于时间和空间的考虑，帮助用户解决足不出户用餐的问题。而在竞争日益激烈的外卖市场中，消费者需求呈现个性化和多样化发展，普通的外卖产品越来越难以生存，这倒逼餐饮企业在开展外卖业务前，必须慎重思考外卖定位，研究消费者需求，调研竞争对手情况，发现市场上未被满足的空白。

餐厅是直接开发新品，与线下店内菜品区分开来，还是将餐厅现有的产品直接搬到外卖平台上卖？抑或针对某个品类创建一个新的外卖品牌？这些都必须根据市场情况，结合餐厅本身定位和发展战略来定。

例如，北京烤鸭第一品牌"全聚德"为了开辟外卖市场，专门推出"小鸭哥"

外卖品牌，并重新注册了"北京鸭哥科技有限公司"。"小鸭哥"的产品组合与"全聚德"门店里的产品形成区隔，这样既借势了"全聚德"这个老字号品牌的影响力，又不至于冲击线下菜品定价体系，如图所示。

2. 平台选择

在传统的外卖体系中，顾客一般是通过餐厅的订餐热线下单，送餐员将外卖送达后收取现金。如今，随着移动互联网的广泛应用及在线支付的普及，用户逐渐形成了网络订餐的习惯，这使得传统的订餐渠道逐渐失去竞争力，企业不得不选择线上外卖平台。可究竟是自建外卖体系，还是入住外卖平台？

对于绝大多数餐饮企业来讲，他们并不具备自建外卖体系的实力，于是入驻外卖平台成了餐饮企业的首要选择。目前，可供选择的外卖平台有"饿了么"、"口碑外卖"、"美团外卖"、"百度外卖""到家美食会"等，他们各有优势，建议餐饮企业前期可同时选择几大主流的外卖平台，多渠道进行引流，为餐饮企业带来更多的订单，后期可根据各平台的订单数和送餐服务质量再进行精选。

3. 产品安排

餐饮企业开展外卖，是为了提高产品部门的利用率，最大限度地提升赢利能力。但对于订餐用户来讲，除了关注菜品质量和价格外，送餐速度也是影响他们选择的关键因素。因此，供应外卖的产品应尽量简单易操作，供应速度一定要能满足外卖订餐的需求，且不影响店内出品速度。一般餐厅的外卖和堂食的订餐高峰期都在同一时间，若为了保证外卖的出品速度，而影响店内生意就得不偿失了。

那么，该如何兼顾两者呢？笔者认为，餐厅可以提前制作好外卖菜品的半成品，引进一些智能型的设备，如"U味儿智能锅"，基本上能自动烹制像鱼香肉丝和宫爆鸡丁等常规菜品。这样可以充分利用产品部门的闲暇时间，在不需要增添任何人员的情况下，释放餐厅产能和赢利能力。另外，餐饮企业也可考虑单独设置外卖菜单，区别于堂食菜单，以易加工的菜品为主，使得产品部门有足够能力应对两个渠道的订单。

4. 评价体系

外卖体系中的一个关键因素，是互联网外卖平台的开放性和互动性。用户在享受外卖服务后，可对餐厅菜品与服务进行点评，由此形成一个线上的口碑评价体系。用户可通过平台，非常清楚地了解餐厅的整体评分、配送速度及其他用户对餐厅的评价，从而直接影响下单的选择，如下图所示。

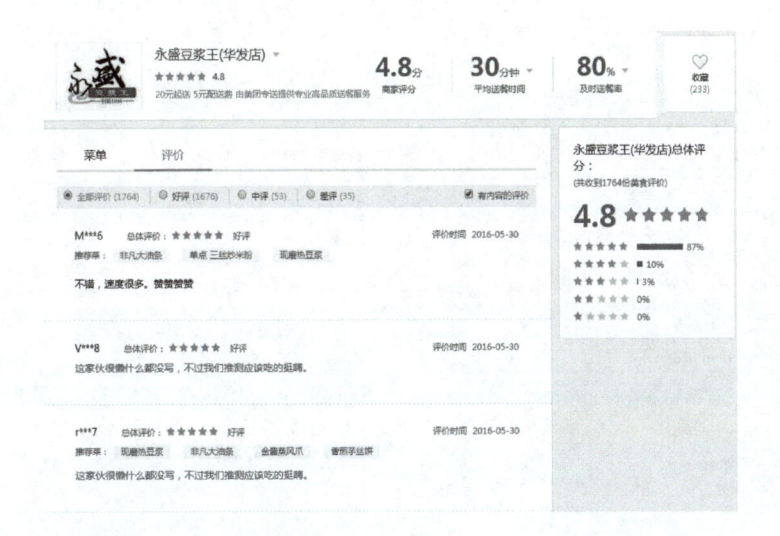

评价体系对餐饮企业来讲是一把"双刃剑"。一方面，它能对产品的满意度有直观的数据反馈，为餐饮企业后续的经营决策提供依据，且良好的评价能不断吸引更多的订单；另一方面，若餐饮企业获得差评数量过多，会直接影响

后续经营。因此，餐饮企业在开展外卖前，应先建立完善的产品与服务管控体系，及时关注外卖平台的评价动向，并拟定差评处理方案。

二、自建外卖体系的 4 个思路

如今，近 90% 以上的外卖市场份额被几大外卖平台瓜分，他们凭借各自背后资本巨头的"撑腰"，在外卖市场上"跑马圈地"、拼命厮杀。这时，餐饮企业若想自建外卖平台参与市场竞争，简直如虎口夺食一般困难！

但这并不意味着没有机会，从垂直细分领域切入，打造个性化、差异化的外卖体系，目前还有机会。以下 4 个自建外卖体系的案例，或许值得大家探讨。

1. 幸福西饼：中央厨房 + 城市自配送

"幸福西饼"是国内知名的蛋糕 O2O 品牌，也是国内传统餐饮企业转型 O2O 模式的成功代表。它成立于 2008 年，总部位于深圳。2009 年 11 月，"幸福西饼"成立 2000 平方米的中央配送中心，次年 4 月通过政府相关部门检测并取得 QS 认证，同月顺利试产并投入运营。2016 年"幸福西饼"在上海、广州、惠州、珠江等 20 个城市设立中央厨房和配送中心，并实现下单后 5 小时内送货上门的服务标准。

由于蛋糕的制作时间较长，消费者购买蛋糕大多是提前预定，之后再选择送货上门和到店自取两种方式，如上图所示。基于这样的品类特点，"幸福西饼"成立不到两年就自建中央厨房体系，统一把控预约订单的品质。而自建品牌专属的外卖配送体系，则使"幸福西饼"在配送时间和质量上拥有传统蛋糕品牌所不具备的优势。

而在订单渠道方面，幸福西饼不仅选择入驻所有网络订餐平台，也开放自主订餐渠道（订餐热线、官方网站、官方微信等），多渠道引流提高订单数量。完善的出品和配送体系，使"幸福西饼"在没有资本力量介入的情况下，6年内完成20个城市的布局，在全国拥有广泛的品牌认知度。

2.黄太吉：工厂店＋自配送＋平台配送

"黄太吉"是以煎饼起家的中式快餐企业，国内较早的"互联网餐饮品牌"之一，成立于2012年，总部位于北京。2015年，"黄太吉"建立北京国贸CBD中央厨房基地，自建配送体系覆盖3平方公里内区域，工厂店日订单数达到4000个。同年6月，"黄太吉"宣布建立"外卖航母"，中央厨房接入第三方餐饮品牌，实行"标准化加工、统一配送"模式。2015年12月，"黄太吉"建立外卖工厂店10个，上线15个第三方餐饮品牌，日均销售2万单。同月，黄太吉开通"百度外卖"通道，接入"百度外卖"配送体系，所有订单由百度外卖员统一配送。

餐饮企业选择开展外卖业务，是希望充分释放厨房的出品能力，进而提高餐厅的赢利能力。基于这样的背景，"黄太吉"建立了以中央厨房系统为基础的外

卖工厂店。工厂店标准化的运作模式，使得其产能远高于餐厅厨房，极大地解放了单店餐厅生产力。而"黄太吉"自建配送体系和外卖团队，则使得工厂店能保证其所覆盖的3平方公里范围内的配送质量。

同时，由于中央厨房的建设和管理费用非常高，大多数的餐饮品牌并不具备这样的能力。因此，入驻"黄太吉"的外卖工厂店，则成为许多餐饮品牌提高产能和赢利能力的最佳选择。自接入第三方餐饮品牌后，"黄太吉"完成华丽转型，变身为外卖加工渠道，其地位如同时尚家居领域的"宜家"，至于其模式的科学性，还有待市场考证。

3. 乐栈：提前下单 + 智能准时配送柜

"乐栈"是国内首个智慧餐饮网上订餐平台，总部位于北京。2015年6月，"乐栈"携手"格力"共同推出基于物联网技术的智能配送柜。它具备0～60℃智能温控、消毒杀菌等功能，可在社区、写字楼、地铁站、医院、学校等位置布点，解决餐饮配送的"最后一公里"问题。2016年4月，"乐栈"在北京、上海、深圳等多个社区、写字楼设立智能配送点共40家。

目前，"乐栈"的外卖平台支持外卖、立买吃、周预定三种订餐模式。其中，周预定订餐模式是"乐栈"推荐的服务模式，也是"乐栈"智能配送柜最大的亮点。消费者预定一周的配送菜品后，合作餐饮企业每天准时将指定菜品送至配送柜，消费者可自行领取。

对于消费者来讲,外卖最大的亮点就是方便。但目前大部分平台的配送速度并不尽如人意。而智能配送柜的提前预约下单,让菜品可以准时到达配送柜,消费者只需15秒便可自提快餐。对于写字楼、医院、学校、中高档社区的消费群体来讲,大大减少了等餐的时间,颇受欢迎。

4. 晚1点:做有服务的高端外卖体系

"晚1点"是海鲜外卖O2O平台,属于垂直细分型外卖平台,成立于2014年年底,总部位于广州。2015年2月,"晚1点"正式上线广州站;2015年6月,正式进军北京;2016年2月,"晚1点"上海站上线。至今,"晚1点"已经获得两轮投资,并计划在2016年年底完成在深圳、南京等8个城市的布局。

因海鲜类菜品的原材料价格相对偏高,"晚1点"将目标客户定位为中高端消费者,并设定最低送餐价格为95元。它开通了微信订餐和电话订餐两种订餐渠道,客户下单并预约送餐时间,产品中心接到订单后完成出品,再通过自建的配送体系进行送餐。由于定位中高端,"晚1点"在外卖服务上做出了特色,不仅为订餐客户配备一次性餐布、一次性围兜、青花瓷筷子、湿纸巾、干纸巾、竹签等全套用餐工具,而且经过专业训练的配送员会穿戴统一装备,用专业的态度为客户提供摆台、介绍等服务,俨然将餐厅的贴心服务送到家。

与国内的外卖平台巨头相比,"晚1点"的客户群体更加集中和精确。凭借独树一帜的外卖配送服务,"晚1点"满足了中高端客户的需求,上线仅仅一年便在广州吸纳了10余万粉丝,足见垂直细分外卖平台的魅力!

三、外卖平台各显神通,玩转外卖你必须看懂这些

外卖市场的竞争异常激烈,"美团"、"饿了么"、"口碑"、"百度糯米"等互联网外卖平台通过"补贴战"、"促销战"吸引更多的商家与他们合作,其背后的真实目的是什么?餐饮企业在进入外卖市场前,应当明白这些真相。

1."烧钱"背后的逻辑

表面上看,外卖平台的"烧钱战"让商家、用户甚至送餐员三方都受益匪浅,商家增加了额外的收入,消费者获得实惠,连送餐员都月入过万。于是,不断有商家愿意入驻,消费者愿意选择,外卖送餐员也乐意加盟。

然而,资本市场有资本的运行规律,平台烧钱背后的目的是市场份额的"圈战"。"阿里巴巴"重整"口碑外卖","新美大"的合并,"腾讯"、"阿里巴巴"相继注资"饿了么","百度"豪砸200亿元布局市场,都是想在O2O发展初期迅速开疆扩土,占领移动端的最大流量入口。因为在他们看来,前期赚钱远没有赢得用户重要,只有站稳脚跟、立足于市场不败之地,才会去考虑赚钱的事情。

但是不得不说,这样的市场竞争体系稍显得有点"拔苗助长",与当年的"千团大战"颇为相似。当平台通过"烧钱战"迅速抢占市场后,这类补贴自然会减少,最终会停止。但经过近两年的"烧钱"动作,国内的外卖市场得到培育,商家和消费者都养成了在平台上销售和下单的习惯,且平台收集了大量有价值的大数据,商家此时已对平台形成了强依赖,最终的话语权也就属于外卖平台了。

因此,对于外卖平台的"烧钱",餐饮企业应当理性看待,不拒绝,不盲目加入,不过分依赖,与平台的各种"诱惑"保持一种合理的距离,时刻将重心放在如何构建自己的品牌竞争力上,不断为消费者提供有特色的餐饮服务。

2.构建品牌竞争力

大多数餐厅认为,所谓外卖就是将店里的菜单复制一份放到外卖平台上,提供送货上门的服务。这样的理解不能说是错的,送货上门确实是外卖体系中非常

重要的一环，但却和消费者需求的"高品质"外卖相距甚远。

诚然，餐饮企业若不自建配送体系，那么为自己和附近同行提供外卖服务的可能都是同一个送餐员。单从品牌视觉识别上来看，并不存在外卖配送的差异。

而在这种配送环节严重同质化的情况下，餐饮企业要构建自身的品牌竞争力，必须从菜品质量、食材卫生及外卖包装等多方面入手。试想，如果你能提供一份让客户感受到诚意的健康美味菜品，另有一份非常惊艳的包装或者温馨提示随着菜品一同送到客户手中，与同行相比起来，品牌优势立刻凸显。

3. 餐饮企业和平台应尽的义务和责任

目前，国内关于互联网外卖已经有相关法律条文，各大外卖平台也加强了对入驻资料的审核，但仍不可避免有一些盲区，尤其是关于食品安全等不可控的问题。基于这样的背景，市面上不乏一些餐饮企业利用外卖平台的一些审核漏洞，急功近利地赚取不法利益，给消费者、外卖平台乃至整个餐饮业带来不良影响。

对此，餐饮企业和平台都需要明白，市场和法律会在发展中趋于理性和完善。餐饮本就是一个良心产业，每个从业者都应当承担起自己的义务和责任，严格遵守法律法规，严于律己，视消费者健康如生命。

4. 餐饮企业陷入舆论风波该怎么办

如今外卖市场仍然是一个新兴的市场业态。这意味着，它在拥有庞大市场潜力的同时，也具有一定的市场风险。由于市场的不完善，外卖平台可能会因为同行竞争和违反法律法规而陷入舆论风波。

例如，2016年央视"315"晚会上，外卖平台"饿了么"陷入了"黑作坊"的舆论风波。在社交媒体的推波助澜下，"饿了么"一度成为被"讨伐"的对象。该事件导致"饿了么"订单出现明显下滑。除此之外，入驻的餐厅也受到一定程度的牵连，可能因此被贴上"不信任"的标签，并在短期内有订单下滑的风险。

作为餐饮企业，除了严格把关产品质量和食品卫生外，还需要在宣传上引导消费者，切勿因此影响餐厅的正常营业。此外，餐饮企业需严格配合平台的调整计划，确保在平台进行危机处理时不受到牵连。

【鹤九三问】

（1）餐厅是自建外卖配送体系，还是入驻外卖平台共用配送体系？

（2）外卖菜品与店内堂食菜品相比是否有区别和创新？

（3）餐厅是否针对外卖市场重新创建一个新品牌？